梁睿哲 著

誰控制了人心
誰就贏得戰爭

心理戰、假消息與領導意志如何奪走你的自由思考？

恐懼不會讓你立刻倒下，但會讓你選擇不反抗

真正的戰場，不在邊境，而在人心最深處

目 錄

序言
這不是你的戰爭,卻會攻進你的心　　007

第一章
戰爭的情緒起源:為什麼人願意上戰場?　　011

第二章
領導者的意志力場:怎樣的領袖能讓部隊拚命?　　031

第三章
讓敵人自亂陣腳:恐懼、羞辱與心理解體戰術　　053

第四章
認知作戰:打贏對方的信念系統　　075

第五章
情緒崩潰的臨界點:什麼讓士兵逃跑?　　097

目錄

第六章
資訊就是子彈：假新聞、輿論操作與心理防線　117

第七章
群體的瘋狂：當民族情緒被全面調動　137

第八章
壓力之下的指揮決策：錯誤從何而來？　153

第九章
創傷後的戰士：戰爭結束後心還沒放下　169

第十章
全民心理戰：讓整個國家一起「感覺勝利」　185

第十一章
輸的不只是一場仗，而是一個信仰體系　201

第十二章
戰爭後的心理重建：信念、和解與恐懼循環　217

第十三章
群體為何甘願赴死?群體心理戰的六大機制　235

第十四章
戰爭的謊言:操縱現實的心理戰工具箱　261

第十五章
當恐懼成為政策:政府如何心理動員一整個國家　289

結語
最深的戰場在人心之中　319

序言
這不是你的戰爭,卻會攻進你的心

◎我們正活在心理戰的時代

二十一世紀的戰爭早已改頭換面。它不再只是坦克對坦克、飛彈對飛彈的軍事對抗,而是一場潛行於資訊、媒體與人心之間的無聲搏鬥。我們活在一個「和平」的假象裡,卻不自覺地每日暴露於心理戰的火力中。

打開新聞、滑動社群、接收政策指令,我們的恐懼、仇恨與忠誠,經常不是源自個人經驗,而是被結構化與引導出來的情緒回應。戰爭從未停止,只是它換了一種形式攻進我們的認知系統。正如克勞塞維茲所言:「戰爭是政治的延續」,而今日它更是認知操控的巔峰應用。

◎心理戰不是陰謀論,而是行之有年的策略

無論是冷戰時期的間諜行動、美國在越戰中的「心戰喊話」、中東極端主義組織運用影片激化仇恨,或是今日俄羅斯在烏克蘭透過 Telegram 操作恐慌與分裂 —— 心理戰從來不是傳說,而是歷史的常態。

‖序言　這不是你的戰爭，卻會攻進你的心‖

　　心理學、行為經濟學、社會工程與神經行銷學早已被軍事戰略部門納入作戰思維。例如：美國五角大廈早在 2008 年就成立「戰略溝通中心」（Strategic Communication Office），專責如何影響敵方心智。這意味著，現代軍事競爭的主戰場，早已不在地圖上，而在人類心靈的結構中。

◎為什麼你需要理解戰爭心理？

　　你或許不是士兵，甚至與軍事無關，但你活在這個時代，就無法逃避「心理戰場」的影響。當一場政治操作讓你焦慮、當一段影片激起你對某個族群的仇視、當你開始覺得「大家都這麼想，所以我也應該這麼想」──那正是你被心理戰擊中的一刻。

　　了解戰爭心理，不是為了讓我們變成軍事專家，而是為了在資訊汪洋中保持清醒，在集體情緒高漲時仍能自我思辨，在操弄與煽動面前保有一絲理智。這是一場保衛心智的戰爭，你能不拿起武器，但不能不穿上心理防彈衣。

◎這本書的核心結構與任務

　　本書橫跨個體心理、群體情緒、領導決策、資訊操控、創傷修復等面向，整合戰爭心理學、社會心理學與歷史戰爭案例，建構出一幅完整的戰爭心理地圖。

　　每章前四節由理論鋪陳與心理分析組成，第五節則結合現代或歷史戰爭作為案例檢驗與對照，使理論不只是抽象概

念,而是可以觸摸與理解的現實操作。無論你關心的是媒體操縱、政治語言、社會情緒,還是人類的恐懼、仇恨與復原能力,都能在本書找到心理座標。

◎你無法退出戰爭,但可以掌握它的規則

「資訊就是子彈,情緒就是炸藥,認知就是戰場。」——這是現代心理戰的核心鐵律。與其被動承受,不如主動洞察。理解戰爭心理學,不是為了支持戰爭,而是為了辨認與化解戰爭在人心中的殘影與投射。

本書不是寫給軍人,而是寫給每一位身處二十一世紀心理戰場上的你。它是一本防禦指南,一本認知急救手冊,也是一道心智的防線。願你在閱讀之後,不只是對戰爭有更多理解,更能對「自己正在相信什麼」擁有深刻的覺察。

真正的自由,不只是行動的選擇權,更是情緒與思想不被操縱的能力。

‖序言　這不是你的戰爭，卻會攻進你的心‖

第一章
戰爭的情緒起源：
為什麼人願意上戰場？

第一章　戰爭的情緒起源：為什麼人願意上戰場？

第一節　戰爭從來不是理性選擇：情緒如何驅動軍事行動

【戰爭啟示錄】在每一次戰爭的爆發之前，理性早已讓位給情緒，決策的起點往往是仇恨、羞辱與恐懼。

理性幻象下的戰爭起點

我們經常假設領導者是理性的行為者，能透過成本－效益的計算做出最佳決策。然而，歷史一次次證明，戰爭往往不是策略計算的結果，而是情緒高漲的集體回應。恐懼、仇恨與榮譽感在戰爭前夕總是超越理智，支配大眾與領導者的行動。戰爭從來不是理性的選擇，而是感性驅動的集體狂潮。

激情作為戰爭的內燃機

根據克勞塞維茲（Carl von Clausewitz）在《戰爭論》中的觀點，戰爭的三元結構之一即為「激情」。他認為：「戰爭由激情、機率與政策三力交互驅動，激情來自人民、軍隊與民族精神的深層動能」。激情不是軍事行動的副作用，而是驅動戰爭的內燃機。當民族情緒被喚醒，戰爭就可能在一夜之間爆發。

第一節　戰爭從來不是理性選擇：情緒如何驅動軍事行動

從神經系統到政治動員：戰爭的生理基礎

現代神經心理學指出，人在面對生存威脅時，腦部杏仁核會觸發「戰或逃反應（fight or flight）」，促使身體進入高警覺狀態。若這種情緒反應被政治敘事結合，如「我們將被消滅」、「對方正在威脅我們的家園」，便會從個體神經激發進入群體動員。這也是為什麼恐懼與羞辱如此常見地出現在戰爭前言論中。

從歷史案例看情緒如何導致開戰

納粹德國是經典範例。希特勒利用《凡爾賽條約》所帶來的國家羞辱，將「屈辱情緒」轉化為全民的「復仇義務」。這種由羞辱導向的憤怒，是推動二戰的主要情緒來源之一。蔣百里（1932）在《國防論》中指出：「一國人民不畏戰爭之本質，在於其精神未曾被侵蝕；若使民氣動搖，則兵力再強亦無用」。此言深刻揭示出民心與情緒在戰爭動員中的絕對地位。

現代戰爭的情緒動員實例：烏克蘭經驗

2022 年俄羅斯入侵烏克蘭後，總統澤倫斯基展現了極高的「情緒領導力」。他未訴諸於戰略細節，而是呼籲全民「為

第一章　戰爭的情緒起源：為什麼人願意上戰場？

生存而戰」、「為孩子與祖先而戰」。這些訊息不是策略，是情緒。他創造出一種民族存在危機，讓烏克蘭人民無需思考，就自動進入抗戰狀態。心理學家喬納森・海特（Jonathan Haidt，2012）在《正義之心》中指出，道德判斷源於情緒而非理性。將此應用於軍事行動，我們能理解許多戰爭並非為了贏，而是為了「感覺正義」。這也呼應了馬漢（Alfred Thayer Mahan，1911）在《海軍戰略論》中提到的「榮譽與國格」之情緒號召力。

結語來看，理解戰爭不能只看坦克與導彈，而必須先理解情緒。真正的戰略家，必須不只是軍事統帥，更是心理指揮官，能看透群眾的情緒節奏，進而加以駕馭。

第二節　憤怒、恐懼與生存焦慮：戰爭情緒的三大心理連續

【戰爭啟示錄】戰爭不是從子彈開始，而是從人心深處的恐懼與憤怒醞釀而來。

情緒作為戰爭的連續光譜：從防禦到進攻的轉化歷程

戰爭情緒並非孤立的反應，而是一個連續光譜，由恐懼開始，經過生存焦慮的放大，最終轉化為集體憤怒與報復欲望。這三種情緒之間不是割裂的階段，而是互為因果的心理連續體。當一個群體感受到外在威脅，最初的恐懼會觸發自保本能，進而導致生存焦慮。這種焦慮若無法透過合理的結構紓解，便會投射為對敵方的仇恨與報復意圖。戰爭正是在這樣的情緒連鎖中醞釀成熟。

克勞塞維茲（Carl von Clausewitz）在《戰爭論》中指出：「戰爭是一種暴力行為，其目的是迫使對方服從我們的意志。」這裡的「意志」實際上已深植於群體情緒之中，而非僅是邏輯思維的產物。從心理學角度看，這種意志多半來自未被安撫的恐懼與焦慮，轉而透過暴力行動尋求心理補償與安全感。

第一章　戰爭的情緒起源：為什麼人願意上戰場？

恐懼：戰爭心理的起始因子

恐懼是戰爭情緒的源頭，它使個體進入警戒模式，使集體預備戰鬥。神經心理學證明，當人處於恐懼狀態時，杏仁核會持續釋放壓力荷爾蒙，使決策傾向保守或極端。這也是為什麼國際衝突中，一方若持續強化自身的危機敘事，便可製造民眾恐懼，進而正當化戰備與出兵行動。

例如美國在 911 事件後迅速升溫的國內恐懼情緒，正是政府發動「全球反恐戰爭」的重要心理依據。人民在極度恐懼下，願意讓渡部分自由與隱私權，只為換取「感覺上的安全」。這說明恐懼不僅是情緒，更是一種政策催化劑。

生存焦慮：壓力鍋裡的集體心理能量

當恐懼無法及時解除，就會累積為生存焦慮。這種焦慮不同於短暫恐慌，它深植於群體的潛意識中，成為一種長期、低頻但高度壓迫的情緒狀態。社會學者所稱的「結構性壓力」（structural stress）常常來自經濟崩解、政治腐敗、外來威脅等因素交織之下的系統性不安。

蔣百里（1932）在《國防論》中曾提及：「若人民心中無依，國防即無基。」這句話正是對生存焦慮的高度概括。當人民對未來充滿不確定感，而國家機器無法有效提供保障

第二節　憤怒、恐懼與生存焦慮：戰爭情緒的三大心理連續

時，集體便會進入焦慮渲染期，此時最容易被極端主義、民粹政權或軍事行動所攫取。

憤怒：從防禦到攻擊的心理跳躍

憤怒通常被視為情緒的終點，但在戰爭心理學中，它反而是行動的開端。當恐懼與焦慮積壓到一定程度，若無法紓解，憤怒就會被點燃。這種憤怒是對不確定性的反擊，是對失控現實的反射。心理學家保羅・艾克曼（Paul Ekman）在情緒分類理論中指出，憤怒是一種促進行動的情緒，它使人勇於對抗威脅，哪怕這種對抗缺乏實際勝算。

馬漢（Alfred Thayer Mahan，1911）在《海軍戰略論》中觀察到，歷史上的戰爭多半不只是為了土地或資源，而是出於民族榮譽與自尊的捍衛。他稱之為「情緒性國防」（emotional defense），這正是一種集體憤怒的國家化表現。

三情緒交織的戰爭序曲：
從以色列與哈瑪斯對抗談起

2023 年 10 月，哈瑪斯突襲以色列南部，造成大量平民傷亡。以色列的國民心理迅速轉變，從震驚恐懼到全面焦

第一章　戰爭的情緒起源：為什麼人願意上戰場？

慮，最終在不到 48 小時內進入高強度報復行動狀態。這場行動不僅出於軍事必要，更是心理需求的外在展現。民眾要求政府強硬回應，以重建其「安全感」。而政府的軍事部署，不只是戰術安排，更是群體憤怒的回應框架。

從這案例可見，恐懼、生存焦慮與憤怒如何構成一個情緒循環系統，在這系統中，每一個情緒都可能催化下一步的戰爭行為。理解這些情緒連續，不僅能預測戰爭，也能為和平找到心理上的緩衝帶。戰爭從不是單一決策，而是一連串情緒轉化的結果。

第三節　讓敵人自亂陣腳：恐懼、羞辱與心理解體戰術

【戰爭啟示錄】最致命的攻擊，往往不是摧毀武器，而是摧毀敵人的信念與尊嚴。

心理解體的作戰邏輯：贏在戰鬥前

現代戰爭的重點不只是殲滅敵軍，更重要的是讓對手的心理系統先行崩潰。心理解體戰術（psychological disintegration tactics）是一種不以物理摧毀為目標的戰爭手段，而是透過情緒操控、羞辱、認知干擾等手法，使敵方部隊在尚未遭遇重大軍事打擊前，內部先出現懷疑、退縮、甚至瓦解。其核心理念是：若能讓敵人在心裡先輸掉這場戰爭，勝利將不需高成本代價。

克勞塞維茲（Carl von Clausewitz）在《戰爭論》中明言：「戰爭是意志對意志的較量。」這場較量不僅展現在兵力與資源，更關鍵的是雙方在信念與心理承受力上的競逐。若能瓦解敵軍的「意志意象」，也就是讓他們質疑自身戰鬥的正當性與勝利的可能性，則其軍事反應將變得猶疑，甚至消極。

第一章　戰爭的情緒起源：為什麼人願意上戰場？

羞辱作戰：折斷敵方尊嚴的利刃

在戰爭心理中，羞辱（humiliation）是一種具有爆破效應的武器。羞辱使敵人喪失自我認同，對國家、領導與任務產生疏離感。一旦部隊認為自己被侮辱、犧牲或背叛，其士氣便會急速崩塌。這類羞辱作戰常透過公開羞辱俘虜、打擊象徵性建物（如宗教或文化標誌），甚至釋出敵軍內部醜聞與家屬訊息等方式執行。

心理學家林德納（Evelin Lindner）曾指出，羞辱是觸發暴力與崩潰的最根本情緒之一。在戰爭環境中，被羞辱的部隊若無法反擊，往往不是選擇反抗，而是逃避與瓦解。這也是為何現代戰場上，資訊戰與媒體戰被高度用來打擊士氣，而不只是向敵方傳遞訊息。

恐懼操控與預期管理：如何製造心理壓力鍋

讓敵方過度預期打擊與傷亡，也是心理解體的常見手法。這類操控方式包括：在敵人認為安全的區域突然進行奇襲、重複發布模糊但可怕的情報、透過無人機長時間監視以創造「被盯上」的壓力感。其目的是使敵方產生長期低頻的焦慮與不確定，進而對自身安全喪失信心。

馬漢（Alfred Thayer Mahan，1911）在《海軍戰略論》中

第三節　讓敵人自亂陣腳：恐懼、羞辱與心理解體戰術

指出，真正的制海權來自於敵方的不確定感，而非我方的實際控制。應用於心理戰，即透過不穩定與模糊性打擊敵方信念，是比傳統火力更細膩也更致命的方式。

認知分化戰術：離間、質疑與內耗的催化

離間戰術是一種古老但永不過時的心理戰工具。當敵軍內部開始懷疑彼此、質疑領導，或對外部戰略產生不同解讀時，其行動力便會出現斷裂。現代資訊技術提供了更精準的分化方式：透過社群媒體發布假訊息、散布部隊不公平對待的證據、竄改軍中通訊內容，皆能精準打擊部隊內部信任結構。

蔣百里（1932）在《國防論》中曾提出：「國防者，不獨兵也；國心之防，尤為要義。」所謂「國心」，正是心理戰的根本攻擊目標。當一支軍隊對國家失去信任時，即使配備先進，也難以形成實質戰力。

心理戰勝於槍彈：美軍在巴格達的策略逆轉

2003 年美國攻入伊拉克首都巴格達前，並未進行大規模地毯式轟炸，而是執行一系列「震懾戰略」（shock and awe）與心理分化行動。他們利用定向轟炸破壞象徵性建物、同時

第一章　戰爭的情緒起源：為什麼人願意上戰場？

　　發放假訊息與投降指引給伊軍，使其領導與基層產生斷裂。再透過媒體大幅播放伊軍投降畫面，營造「戰爭已結束」的氛圍。

　　此舉導致大量伊軍未戰即降，巴格達幾乎無組織抵抗即告淪陷。這場戰爭的勝利，不全仰賴軍事力量，而是對伊軍心理結構的全面擊潰。它說明了一件事：當敵人心裡已經輸了，你根本不需要再開槍。

　　現代戰爭的核心，是讓敵人在認知與情緒上提前崩潰。真正的戰場，常常不在地圖上，而在人心裡。

第四節　你相信的，不一定是真的：認知操控就是武器

【戰爭啟示錄】真正可怕的戰爭，不是讓你害怕，而是讓你誤以為自己正在贏。

認知戰的核心：奪取理解世界的方式

認知戰（cognitive warfare）並非傳統的宣傳戰或心理戰延伸，而是一種系統性地操縱敵人「如何理解現實」的戰爭形式。其目標不是說服對手相信某件事情，而是讓對手懷疑他所知道的一切。在這場看不見硝煙的戰場上，訊息就是炸彈、敘事就是火箭、語言就是導引系統。

克勞塞維茲（Carl von Clausewitz）在《戰爭論》中曾說：「戰爭本質上是資訊不對稱的競賽。」若能主導敵方的認知視角，即可控制其戰略選擇。這種策略不僅可削弱對手的判斷力，也可讓其誤判敵我力量，做出對己方有利的錯誤反應。

第一章　戰爭的情緒起源：為什麼人願意上戰場？

從敘事權到戰略優勢：話語霸權的軍事價值

控制敘事就是控制民意，控制民意就是掌握戰爭資源。國家或軍事集團若能設計出一套邏輯自洽、情感動人、重複性高的戰爭故事，就能影響整個群體的認知結構，使民眾不自覺地接受某種戰爭態度，甚至主動支持戰爭。

以美國為例，其歷來在戰爭初期所建構的「正義框架」，如越戰的共產主義擴張論、伊拉克戰爭的「大規模毀滅性武器」敘事，都是將特定價值觀與恐懼情緒綁定，使大眾對開戰保持心理上的正當感。

馬漢（Alfred Thayer Mahan，1911）在《海軍戰略論》中指出：「戰略的真正支點不在於船艦總數，而在於民意之凝聚。」他理解到，一個強大的軍事體系若缺乏集體敘事為其正當性加冕，將難以動員全社會支持。這正是現代認知戰的核心意義。

假訊息、深偽與 AI：資訊時代的迷霧戰術

隨著科技進步，認知戰的武器越來越精密。從假新聞、社群網軍到 AI 生成的影像與語音（Deepfake），敵對勢力能精準針對群體焦慮、族群裂痕與歷史創傷進行訊息干預。這種訊息操控已不是資訊戰那樣單純擾亂視聽，而是對「現實

的定義權」展開爭奪。

舉例來說，在 2022 年俄烏戰爭初期，俄方透過 Telegram 與 VK 等平臺釋出大量烏克蘭軍方潰敗、澤倫斯基逃離首都的假新聞與深偽影像，企圖瓦解烏方民心。然而烏克蘭反制得當，透過快速澄清、反向影像釋出與總統本人露面，穩定了社會認知，也成功讓戰爭敘事重新主導於己方。

認知疲勞與選擇障礙：讓對手迷失在資訊裡

認知戰另一項關鍵策略是製造「資訊疲勞」，讓對手在真假訊息的海洋中喪失判斷力。這種手法不強迫你相信某件事情，而是讓你無法相信任何事。當決策者處於高度混亂與懷疑時，往往會選擇保守、拖延或非理性反應，對戰爭局勢構成極大干擾。

心理學家丹尼爾・康納曼（Daniel Kahneman）在其《快思慢想》中提到，人在認知負荷過重時，傾向依賴直覺而非分析。認知戰就是利用這一弱點，讓對手在看似理性運作的決策機制中，其實已被精心設計的環境所操控。

第一章　戰爭的情緒起源：為什麼人願意上戰場？

誰定義現實，誰就定義勝利：
中國的南海戰略與國際認知操作

在南海爭議中，中國除傳統海軍與軍事部署外，亦積極操作國際敘事。從官方媒體到海外留學生社群、中資媒體併購案，再到聯合國內部語言操作，其目的皆為「規訓世界的語言」，將「九段線」正當性潛移默化地嵌入國際理解框架中。

例如 2016 年南海仲裁案後，中國大量發布英文專題、邀請外媒記者參訪人造島，意圖將現狀「合理化」，讓國際社會習慣這種違反國際法的存在。這不是外交，而是認知設計。最終若世人普遍認定南海為中國「事實上的主權範圍」，其軍事行動即不再被視為侵略，而是內部維穩。

這場勝負不在武器，而在語言。不在陣地，而在敘事。不在戰場，而在人心。現代戰爭的勝者，不只是站在斷垣殘壁上高舉旗幟的人，更是讓世界相信那面旗應該出現在那裡的人。

第五節　心理瓦解的臨界點：伊拉克戰爭中的戰意崩潰

【戰爭啟示錄】軍隊不會因彈藥用盡而潰敗，而是當士兵失去理由去戰鬥時。

理論整合：從情緒動員到心理分化的連鎖反應

本章前四節從情緒驅動、心理連續、羞辱操控與認知戰術四個面向，建立了一場「戰意崩潰」的心理模型：第一步是由恐懼啟動的戰爭情緒；第二步是生存焦慮持續發酵並導致憤怒轉向；第三步透過羞辱與操控方式攻破自我認同；最終第四步在認知混亂與敘事崩解中，讓士兵與社會集體失去戰鬥理由與心理支撐。

這一連串心理機制在伊拉克戰爭（2003）中有極為明確的實證展現。美軍並非單靠武力推進，而是透過震懾戰略、資訊戰與認知分化，使伊軍尚未全面交戰即陷入信念崩潰的狀態。這不只是一場軍事勝利，而是心理瓦解的完整演練。

第一章　戰爭的情緒起源：為什麼人願意上戰場？

伊軍潰敗的心理開端：恐懼與焦慮的潛伏期

2002 年下半年起，美國持續向伊拉克施加軍事壓力與政治威脅，不斷放話開戰時間、兵力數量與後果，營造出「開戰無可避免」的國際氛圍。對伊拉克前線與中層軍官而言，這種「死亡倒數」並非物理衝擊，而是情緒壓迫。

同時，美軍媒體戰開始描繪其武器系統的無人能敵，包括 F-117 匿蹤轟炸機、智慧炸彈與特種部隊作戰影片，讓伊軍對抗意願與自我效能感逐漸萎縮。根據戰後俘虜訪談顯示，許多士兵在戰爭爆發前三個月就已認定「這場仗打不贏」，心理退場早於身體對抗。

羞辱與象徵摧毀：信念根基的重創

美軍在開戰初期精準摧毀伊拉克象徵性設施，包括國防部、電視臺、薩達姆雕像與巴格達巴士站等重要文化節點，目的不在於軍事效果，而是動搖伊拉克人對國家體系的基本信任。這些攻擊構成心理學上的「象徵性去能化」（symbolic disempowerment）。

林德納（Evelin Lindner）理論指出，羞辱若加諸於國家層級，將造成國民身分崩解感。這解釋了為何伊軍在海珊尚未

‖ 第五節　心理瓦解的臨界點：伊拉克戰爭中的戰意崩潰 ‖

垮臺前，士兵就已開始棄守陣地，因其認知中「這個國家已經不存在了」。當國族認同被剝奪，戰鬥行動也就失去核心動力。

資訊操作與認知攻擊：讓敵人相信自己已經輸了

美軍實行的「震懾戰略」(shock and awe)不只強調打擊力道，更強調心理震撼。軍方媒體聯合 CNN 與 Fox News 製造出「美軍不可阻擋」的敘事，並透過阿拉伯語廣播、空投傳單與網路散布消息，讓伊拉克軍民誤認戰爭已經結束。

例如：巴格達尚未全面占領前，就已出現大量伊軍自動投降畫面，而這些畫面也迅速回傳至其他前線部隊，強化「無需再戰」的心理氛圍。馬漢 (Alfred Thayer Mahan) 在《海軍戰略論》早已預言，「掌握敵人想像力者，即可毀其軍心於無形」。這場戰爭即是最佳驗證。

巴格達陷落：當士兵不再相信自己是軍人

2003 年 4 月，美軍進入巴格達時，遇到的抵抗遠低於預期。大多數伊軍或已投降、逃亡、解散或僅形式抵抗。心理學家在研究中指出，士兵的戰鬥力有賴於三種支柱：「任務認

第一章 戰爭的情緒起源:為什麼人願意上戰場?

同」、「組織依附」與「未來期望」。伊軍在三者皆失後,已不再視自己為一名軍人。

蔣百里(1932)在《國防論》中強調:「國防不在疆界,而在民志;兵敗不因兵器,而因心壞。」伊拉克戰爭印證了這一論斷:戰爭不一定要靠殺敵取勝,有時讓敵人覺得「沒有繼續戰的必要」就足夠。

巴格達的陷落,象徵的不是城市失守,而是心理體系的全面垮臺。這也提醒我們:現代戰爭的勝負早已不限於軍力對決,而是誰能率先瓦解對方的心理堡壘與信念基礎。

第二章
領導者的意志力場：
怎樣的領袖能讓部隊拚命？

第二章　領導者的意志力場：怎樣的領袖能讓部隊拚命？

第一節　領袖的性格與決策心理：戰時人格特質的關鍵

【戰爭啟示錄】戰場上最致命的武器，往往不是飛彈，而是那個下命令的人。領導者的性格，是整場戰爭的隱形命運。

戰時人格：決策背後的心理模式

　　戰時的決策，不只是戰略的選擇，更是人格的投射。每一個「開火」、「固守」或「撤退」的指令，背後往往不是基於精密計算，而是來自領袖個人的風格與心理傾向。心理學家大衛·溫特（David A. Winter）在其動機結構理論中指出，權力動機強烈的領導者更容易在危機中採取冒險與強攻策略，而親和動機高的人則傾向協調與妥協。

　　克勞塞維茲（Carl von Clausewitz）在《戰爭論》中亦指出：「將帥之心性，即是其戰法之形。」這句話揭示出領導人格對戰略風格的深層影響。在壓力極大、資訊不全、時間緊迫的戰時環境中，領袖的性格傾向往往取代理性成為最終的決斷依據。

第一節　領袖的性格與決策心理：戰時人格特質的關鍵

果斷與不確定性容忍力：戰時決策的心理門檻

在戰爭決策中，果斷並非衝動，而是一種高不確定情境下仍能承擔後果的心理成熟。此能力與心理學中的「不確定性容忍力」（tolerance of ambiguity）密切相關。領袖若無法忍受資訊模糊與風險懸置，便容易拖延決策或過度依賴幕僚建議，導致失去戰場主動。

舉例而言，1940 年邱吉爾在敦克爾克撤退決策中的高風險判斷，正是基於他個人對困境中仍能堅持戰略方向的信念與個性。這種信念非僅來自戰情本身，更來自於人格底層的堅韌結構與歷經挫折後的心理歷練。

敵意傾向與風險偏好：從性格看戰爭走向

戰時領袖的性格中，敵意傾向（hostility disposition）與風險偏好（risk orientation）是兩個關鍵指標。敵意傾向高的領袖容易將對手妖魔化，使衝突升級為不可逆的鬥爭；風險偏好高的領袖則可能在缺乏完整資源時仍選擇先發制人。

這樣的性格結構可從二戰中的希特勒與史達林身上觀察得最清楚。希特勒的敵意人格導致他對戰事極端不信任與主控；史達林則將所有危機視為內部背叛的結果，使其決策常帶報復與整肅性質。相對而言，約瑟普・布羅茲・狄托的低敵

意與中性風險偏好,使其在面對納粹時採取游擊戰與民眾動員的綜合路線,顯示性格可直接影響國家層級的軍事風格。

信念結構與領導風格:價值觀如何變成命令

人格並非孤立於價值之外,戰時領導者的「信念結構」往往會成為軍事行動的核心依據。根據哈佛心理學家羅克奇(Milton Rokeach)的價值理論,信念是行動的連結橋梁,而信念的層次決定了領導風格的深淺。

例如烏克蘭總統弗拉基米爾・澤倫斯基(Volodymyr Zelenskyy)在面對俄羅斯全面入侵時,展現出高度一致的信念體系與國族使命感。他選擇留在基輔、不撤離、不妥協,正反映其核心價值觀已轉化為具體軍事與政治行為。這種信念不是臨時戰術選擇,而是人格化的戰略信仰。

人格即命運:
韓國戰爭中李承晚與麥克阿瑟的個性對撞

韓戰初期,南韓總統李承晚與美軍將領道格拉斯・麥克阿瑟在多次戰略會議中展現出截然不同的個性對應:李承晚性格剛烈、決策偏激,對敵意毫不妥協;麥克阿瑟則表現出高度風險偏好與個人英雄主義,主張越界北上統一朝鮮半島。

第一節　領袖的性格與決策心理：戰時人格特質的關鍵

　　這種人格衝突不只展現在語言與態度上，更直接影響實戰節奏與兵力配置。最終，兩者性格中未調和的成分導致戰略步調分歧，美國總統杜魯門不得不解除麥克阿瑟指揮權，以穩定整體戰略方向。

　　蔣百里（1932）在《國防論》中寫道：「將帥之能，不在多謀，而在能為。」這句話在今日可被理解為：領導者的性格結構與心理強度，是戰爭成敗的隱形決勝因素。沒有穩定而強大的心理內核，即便擁有最好的戰略，也難以走得長久。

第二章　領導者的意志力場：怎樣的領袖能讓部隊拚命？

第二節　意志力作為軍事資產：從決斷到鼓舞的力量運作

【戰爭啟示錄】有些將軍靠子彈打贏戰爭，有些將軍靠意志力讓部隊不肯輸。

意志力的軍事定義：超越體能與物資的戰力來源

在戰爭的語境中，意志力（willpower）並非單純的堅持與毅力，而是一種集體心理驅動裝置。它是一種能夠將絕望轉化為行動、將恐懼轉化為紀律的心理能量。在傳統軍事理論中，意志力往往被視為抽象或無法測量的因素，但從心理學角度來看，它是領導者透過語言、情感與榜樣所激發出的實際能量。

克勞塞維茲（Carl von Clausewitz）在《戰爭論》中強調，戰爭的本質是「兩股意志的衝突」。其中「堅定的意志」足以延續戰鬥至不可能的境地。這說明了一件事：在資源相對劣勢時，意志力反而成為不對稱戰力的關鍵平衡器。

第二節　意志力作為軍事資產：從決斷到鼓舞的力量運作

意志力的傳遞機制：從決策者到前線士兵

領導者的意志不只是個人精神，而是必須透過層層轉譯與具體行動形成「心理場效應」。這個心理場由三種因素構成：一是語言表述的力量；二是身體示範的行為；三是情緒感染的節奏。當領導者展現出堅定與一致的決心，部隊會產生心理上的模仿與對齊效應，這在社會心理學上被稱為「情緒共振」。

心理學家馬汀‧塞利格曼（Martin Seligman）提出的「習得希望感」（learned hopefulness）概念指出，領導者若能有效傳遞希望與秩序的訊號，將可使部隊在逆境中仍維持組織效能與行動能力。這也說明為何在極端戰況中，一個堅定的領袖身影遠比補給或戰術更能延續士氣。

決策即動能：意志如何轉化為行軍方向

在軍事行動中，意志力不只是心理狀態，更是戰略選擇的驅動引擎。當指揮官展現出清晰、快速且具有承擔的決策風格時，部隊會產生「指令安全感」（command certainty），進而提升行動一致性與風險承擔能力。

反之，若領導者反覆搖擺或對決策結果顯得猶疑，則整體部隊將陷入心理遲滯。這類遲滯效應會導致戰術落後與時間錯失。在烏克蘭戰場上，澤倫斯基即展現出「意志導向型決

策」，例如不撤離首都、不低頭談判、每日對士兵與國民發表視頻講話，這些行為不僅是資訊發布，更是意志的日常灌輸。

意志力與群體自我：
如何讓「我們不能輸」成為信念

真正強大的意志力不是來自個人，而是整體部隊對「不能輸」的集體信仰。這種信仰的建構仰賴兩項心理學過程：一是「歸屬感的鞏固」，即讓士兵相信自己屬於一個值得為之犧牲的團體；二是「責任共享的心理設計」，讓失敗不再是個人行為，而是群體榮辱共存的結果。

哈佛社會心理學家赫伯特·凱爾曼（Herbert Kelman）曾指出，群體能動力的來源是「內部化規範與目標」的程度。當領導者能將其意志轉化為部隊的行為準則，而非命令本身，那麼意志就不再只是施加，而是成為自發運作的能量源。

意志即作戰半徑：
越戰中吉亞普將軍的戰略心志運作

越戰期間，北越將領武元甲（Vo Nguyen Giap）展現出極端的意志導向指揮風格。他在物資、火力與國際支援均劣勢的情況下，仍能持續策劃長期游擊戰與城市包圍戰，關鍵正

第二節　意志力作為軍事資產：從決斷到鼓舞的力量運作

是將整體戰爭定義為「意志力的對抗」而非純軍事對決。

武元甲透過公開發言、士兵訓練與教育體系不斷灌輸「持久就是勝利」的戰略認知，使部隊即使在高傷亡與戰況膠著中仍未崩潰。他的語言簡短卻重複，戰略模糊卻心理清晰，這種「意志領導」模式徹底逆轉了戰爭常規。美軍雖然在火力與戰術上處於優勢，卻在心理戰場上失去主動權，最終陷入國內輿論與士氣崩潰的雙重困境。

正如蔣百里（1932）在《國防論》中所言：「軍心不散，則兵雖敗而未潰；將志不移，則事雖難而必成。」在今日的戰爭場域，意志不再是精神論，而是最具延展性與復原力的軍事資產。

第二章　領導者的意志力場：怎樣的領袖能讓部隊拚命？

第三節
領導魅力的心理構成與群體回應

【戰爭啟示錄】領袖的聲音不一定響亮，但只要群眾願意跟著走，那就是力量。

魅力領導的本質：
信念、情感與視覺影像的結合

魅力（charisma）從來不是神祕或偶然的特質，而是一種心理作用與社會互動的結合。在戰爭中，領導魅力不只是凝聚士氣的手段，更是建立戰時信任與服從的核心資本。心理學家馬克斯・韋伯（Max Weber）將魅力領導定義為「非凡人格所展現的吸引力，使群體自願服從其命令」。

這種吸引力不在於外表，而在於是否能讓群體相信：「跟著你，有可能活下來；不跟著你，注定滅亡。」戰場中的領導者魅力，往往呈現在三種心理構成上：堅定的信念、情感的共鳴與視覺的象徵性。

第三節　領導魅力的心理構成與群體回應

視覺領導的效應：形象就是命令

戰爭不是哲學辯論，而是瞬間做出服從與逃跑選擇的時刻。視覺領導（visual leadership）指的是領導者本身是否能夠在外表、行為、姿態中傳遞安全感與方向感。例如穿著軍裝與士兵站在同一陣線、不坐裝甲車而走上前線、不拿紙本講稿而直視鏡頭發表演說，這些都屬於視覺上的「行動命令」。

澤倫斯基在 2022 年俄烏戰爭初期以軍裝現身基輔街頭、與幕僚自拍影片的畫面，即為典型的視覺領導。這種形象的力量遠勝過千言萬語，讓士兵與民眾產生情緒上的對齊與依附。

情緒同步與心理感染：魅力的化學效應

根據社會心理學家赫伯特・凱爾曼的「內在化模型」（internalization model），魅力領導的關鍵在於能否讓群體在情緒上與領袖產生同步感（emotional synchronization）。這種同步使群體不再以理性計算成本，而是以情感判斷命運。

當領導者展現出悲憤、堅決、振奮或堅忍的情感時，群體將自動進行「情緒模仿」，進而產生一種「群體心流」。此心流狀態將群體的注意力、記憶與行動整合在一起，並產生超越個體風險意識的集體決斷動能。

第二章　領導者的意志力場：怎樣的領袖能讓部隊拚命？

從信任到服從：魅力領導如何取代制度約束

在戰爭的動盪情境中，原有的官僚組織或命令體系常常失靈。此時，魅力型領導能以心理凝聚力取代制度約束。這種服從並非出於階級或程序，而是出於一種信任情感：「我相信你知道我們該怎麼辦。」

這種魅力型服從多半具備以下特徵：第一是高度自發性；第二是不需要反覆命令即可持續執行；第三是即使命令結果不盡理想，群體仍不輕易質疑領導者。這種信任即是魅力領導真正的戰略價值。

魅力決定行軍方向：
2020 年納卡戰爭中帕辛揚的領導形象崩潰

在 2020 年亞美尼亞與亞塞拜然爆發的納卡戰爭中，亞美尼亞總理尼可·帕辛揚（Nikol Pashinyan）一開始因 2018 年「天鷹革命」形象受到民眾擁戴，被視為新時代強勢領袖代表。然而戰爭爆發後，他的領導魅力迅速崩解。

戰事初期帕辛揚多次發表冗長、空泛的電視談話，避重就輕、不現身前線、不與軍人同框，使其視覺領導力下降；情緒表達平淡、缺乏激情，也無法產生群體同步；更嚴重的是，數度改口與戰略搖擺造成群眾信任崩潰，最終即使其未

第三節　領導魅力的心理構成與群體回應

直接下令撤軍，軍心已難再維繫。

　　這場戰爭告訴我們：領導魅力不是選舉時的舞臺，而是戰爭時的生死綁帶。沒有魅力，即使制度健全也無法動員群體；有魅力，即使缺乏物資也能撐住陣線。蔣百里（1932）說：「兵隨將而不隨令，將之威信即國之命脈。」在現代戰爭中，魅力不只是一種個人天賦，更是一項生存技術。

第二章　領導者的意志力場：怎樣的領袖能讓部隊拚命？

第四節　權威型、願景型與犧牲型領導風格對戰力的影響

【戰爭啟示錄】領袖的風格就是部隊的靈魂，走在前面的姿態，決定跟在後面的人走到哪裡。

領導風格作為心理模型：從個人性格到集體行為

戰爭中的領導風格（leadership style）不只是指揮技術或作戰哲學，更是一種能夠感染部隊、影響信念並引導行動的心理模型。心理學者丹尼爾・高曼（Daniel Goleman）指出，領導風格不只影響團隊的情緒氣氛，更會重塑部隊的壓力承受力、風險偏好與合作模式。

根據軍事心理與管理心理的跨領域研究，戰時最具關鍵影響的領導風格可分為三類：權威型（authoritative）、願景型（visionary）與犧牲型（sacrificial），這三者在不同情境中發揮不同層次的戰力動員效應。

第四節　權威型、願景型與犧牲型領導風格對戰力的影響

權威型領導：秩序與紀律的戰場穩定器

　　權威型領導者以命令、控制與明確責任區分為核心，其心理結構建立在「清晰目標與快速回應」之上。在高風險、資訊混亂與作戰節奏急迫的情境中，權威型領導能夠迅速建立行動模式，降低混亂感與責任模糊所帶來的軍心動搖。

　　然而，過度依賴權威也可能抑制創造力與部隊自發性，尤其在游擊戰或非典型作戰場域中，過於強勢的指揮可能產生「依賴性軍心」，使部隊失去即時調適的能力。正如克勞塞維茲（Carl von Clausewitz）所警告：「權威若失其信任基礎，則命令如空話。」

願景型領導：激發意義感的心理動能場

　　願景型領導者並非只講策略或數據，而是將戰爭意義轉化為部隊的心理驅動器。他們常常強調未來藍圖、價值信念與民族情感，讓士兵相信自己並非只是在執行命令，而是在參與歷史。

　　這類領導風格的代表人物如英國首相邱吉爾，他在二戰時期透過無數演說讓整個英國社會進入「共存共死」的精神狀態。願景型領導者之所以強大，不在於他們知道該怎麼打仗，而在於他們讓人民與士兵願意承擔戰爭的後果與代價。

第二章　領導者的意志力場：怎樣的領袖能讓部隊拚命？

心理學家詹姆斯・麥克雷戈・伯恩斯（James MacGregor Burns）將這種影響稱為「轉化型領導」（transformational leadership），即領導者與追隨者互相激發，使整體團體從服從走向自我認同與主動參與。

犧牲型領導：
以身作則所建立的信任與服從邏輯

犧牲型領導者的核心特徵是「行為先於命令」，他們不只要求部隊承受風險，也身體力行地走在最前線。這類型的領導者透過實際行動建立部隊的心理安全感與依附感，是戰爭中最具原型力量的領導樣貌。

當代的澤倫斯基即為犧牲型領導風格的典型：他在戰爭初期拒絕離開基輔、日夜不斷發表堅定言論、與士兵共處，讓整個烏克蘭社會認定「領袖也在戰爭中」的象徵力量。心理學研究指出，這種領導風格能夠最大化群體的「道德服從」，即使在資源匱乏或戰況惡劣時也不易瓦解。

第四節　權威型、願景型與犧牲型領導風格對戰力的影響

三種風格的交會戰場：
以色列 1973 年贖罪日戰爭的領導重構

在 1973 年的贖罪日戰爭中，以色列面對埃及與敘利亞的突襲陷入混亂。當時的國防軍參謀總長大衛·埃拉札爾（David Elazar）採取權威型風格，下令全面動員，迅速收復初期失地；總理高塔·梅爾（Golda Meir）則以願景型語言安撫國民，強調生存與文明防線的重要性；而數名戰地指揮官如艾里爾·夏隆，則身先士卒率部反攻，展現出犧牲型精神。

這三種領導風格在不同層級、不同戰場交互運作，最終形成一種「多層領導協同網」，成功避免整體戰線崩潰。心理學家凱茲與卡恩（Katz & Kahn）在其組織行為研究中指出，有效的戰時領導不在於單一風格完美，而在於風格彼此補位與彼此信任的彈性互動。

正如蔣百里（1932）在《國防論》中所言：「一軍之成，不在兵強，而在將之情志分布得宜。」現代戰爭中的勝利，往往來自於多樣風格的整合運用，而非某一種絕對正確的領導模板。

第二章　領導者的意志力場：怎樣的領袖能讓部隊拚命？

第五節
血與火中的意志：邱吉爾、澤倫斯基與其他現代領袖的戰時領導心理比較

【戰爭啟示錄】不是每一個人都能改變歷史，但有些人的意志，能讓整個國家不肯倒下。

理論總結：戰時領導心理的三層結構

經過前四節的探討，我們已建立出一個戰時領導心理的三層結構模型：第一層是領袖的性格特質與決策風格；第二層是意志力的傳遞與共鳴能力；第三層則是領導魅力與群體回應之間的連鎖心理效應。這三層結構相互交錯，構成戰場上真正具有動員力與穩定性的指揮核心。

在實戰中，領導者的性格若缺乏果斷與心理強度，即便擁有軍力與地利，也難以穩住人心；而若無法有效傳遞意志與構築集體情緒，那麼即使有明確戰略，也難以形成持久戰力；若欠缺魅力與信任連結，制度與命令便無法轉化為士氣與行動。

第五節　血與火中的意志：邱吉爾、澤倫斯基與其他現代領袖的戰時領導心理比較

邱吉爾：語言、酒精與不屈的心理堡壘

溫斯頓·邱吉爾是戰時願景型領導的經典代表。他在二戰期間的領導風格，展現出高度結合視覺象徵、情緒共鳴與意志灌輸的三合一魅力。儘管英軍面臨德軍壓境，邱吉爾仍以其獨特語言風格（如「我們絕不投降」、「我們將在海灘上戰鬥」）激發英國全民的戰意與心理韌性。

心理學家赫伯特·凱爾曼認為，魅力型領導之所以成功，是因為其言行可內化為群體行為準則。邱吉爾即是如此：即便時常酗酒、情緒激烈，但正是這些人性，使他與民眾產生心理連結。他讓人民相信，即使世界崩壞，他也會站在廢墟之上指揮戰鬥。

澤倫斯基：平民影像與犧牲形象的心理連動

烏克蘭總統弗拉基米爾·澤倫斯基的戰時領導風格，可視為犧牲型與願景型的混合體。他並非出身軍旅，但正因其平民背景，反而讓其領導魅力更具滲透力。在戰爭初期，他拒絕撤離基輔、每日親自拍攝戰時演說，形成一種「我與你們在一起」的視覺連線。

這種連線產生的心理效應不只是鼓舞，更是一種去階級化的情緒對齊，使國民在恐懼與混亂中，仍有一個可以模

第二章　領導者的意志力場：怎樣的領袖能讓部隊拚命？

仿、對齊與投射的「情緒原型」。心理學家塞利格曼指出，這種原型作用能夠有效降低群體焦慮，並轉化為行動動力。澤倫斯基的形象就是一種活的抗壓圖騰。

其他領袖比較：強人魅力與制度信任的兩難

在現代戰爭中，並非所有領袖都能兼具權威、魅力與犧牲精神。以喬治·W·布希為例，其在伊拉克戰爭中的「反恐強人」形象雖具語言力道與政策明確性，但其實地與軍民的距離感過大，導致其領導形象難以轉化為基層信任。

相對地，以色列前總理班傑明·納坦雅胡長期採取權威型領導模式，在軍事行動決策中展現高度效率，但其魅力領導與犧牲意志較為薄弱，對於社會情緒與戰時心理支撐的作用有限。

這些案例說明，領導力的強與弱，不只取決於政策是否正確，而在於能否構築一種「意志的心理共同體」。領導者若無法內化為一種群體意志象徵，即便戰術完美也難以形成全面戰力。

第五節　血與火中的意志：邱吉爾、澤倫斯基與其他現代領袖的戰時領導心理比較

戰時心理決勝點：信任與意志的整合力量

綜合比較這些領袖案例，我們可得出一個關鍵結論：戰時勝負的分水嶺，常常不在武器與兵力，而在「信任是否存在」、「意志是否共鳴」。當一個領袖能讓士兵與人民相信他所做的每一個決定都有價值，並願意與之共同承擔結果，那麼這種信任本身就是戰力。

蔣百里（1932）指出：「將心通民志，民心即兵心，兵心即勝機。」在這場信念與心理的拉鋸戰中，真正贏家不是那位手握最多武器的指揮官，而是那位能用人格與意志讓國家不肯倒下的領袖。

在血與火中，一個人的意志，或許能挽救整個時代。

第二章　領導者的意志力場：怎樣的領袖能讓部隊拚命？

第三章
讓敵人自亂陣腳：
恐懼、羞辱與心理解體戰術

第三章　讓敵人自亂陣腳：恐懼、羞辱與心理解體戰術

第一節　如何在人心裡製造裂痕：心理戰的分化原理

【戰爭啟示錄】讓敵人彼此猜忌，比讓他們恐懼更能讓戰場瓦解。

心理戰的核心不是攻擊，而是分裂

心理戰的目的從來不只是削弱敵人士氣，而是讓敵人的內部自我產生裂痕。這種裂痕並非來自外部打擊，而是源自內部信任的破壞、價值觀的混亂與忠誠對象的模糊。根據社會心理學家亨利・泰菲爾（Henri Tajfel）的「社會分類理論」（Social Categorization Theory），人類在高壓情境中會不自覺地將他人劃分為「我們」與「他們」，這種分類一旦遭受干擾，就會引發群體內部的矛盾與懷疑。

軍事心理學指出，心理分化策略的有效性，在於它不直接挑戰敵軍的作戰能力，而是瓦解其內部的群體凝聚力，使原本的共同目標逐漸喪失說服力。這種從內部打開的攻擊模式，被稱為「信任性侵蝕戰術」（trust erosion tactics）。

第一節　如何在人心裡製造裂痕：心理戰的分化原理

標靶選擇：誰是最容易動搖的心靈節點？

在操作心理分化時，並非全軍皆可當作攻擊對象，而是要精準鎖定那些「具關鍵影響力但心理結構不穩定」的個體。例如中階軍官、政治菁英、少數族群或內部邊緣群體。

這些人往往處於壓力最大、資訊最不對稱的位置，對政策與命令既有執行義務，又有情緒落差，因此最容易受到疑惑與挑撥。根據美軍《心理作戰戰術、技術與程序》(*FM 3-05.301 Psychological Operations Tactics, Techniques, and Procedures*)，心理分化行動的首波訊息往往針對這類族群設計，例如：「你們被高層犧牲了」、「你們只是棋子」等語句，會比戰術資訊更具影響力。

操作手段：從訊息干擾到情感感染

心理分化操作的常用技術有三類：一是訊息交叉干擾，即製造彼此矛盾的訊息來源，讓受眾無法確定何者為真；二是「預設式指控」，在缺乏證據的情況下先行設下負面標籤，例如「某將領叛逃」、「後方已談判投降」；三是情感感染，例如透過影片、照片或敘述性消息讓敵軍懷疑彼此忠誠或敵意。

第三章　讓敵人自亂陣腳：恐懼、羞辱與心理解體戰術

這些操作目的不是讓敵人恐慌，而是讓他們彼此懷疑。例如在敘利亞內戰初期，反對派與政府軍彼此滲透並製造大量假新聞，使部隊不再相信中央命令，許多行動因此癱瘓。

認知不協調的引爆點：
當人不再相信自己屬於哪一邊

心理戰真正成功的關鍵，在於製造「認知失調」（cognitive dissonance）。當士兵一邊接受著國家教育，一邊卻從網路與對話中聽到相反訊息時，就會產生心理裂解。此時若缺乏一個清楚可信的敘事中心，就容易轉向冷漠、逃避、甚至叛變。

克勞塞維茲（Carl von Clausewitz）在《戰爭論》中提到，戰爭的本質是「一種精神上的決鬥」。當敵人的精神結構被破壞，戰爭的勝負也就提前揭曉。這種精神結構的崩解，往往始於內部信念的自我質疑。

心理分化的實戰前哨：
俄羅斯侵略烏克蘭前的敘事瓦解戰

在 2022 年俄羅斯入侵烏克蘭前，已展開長期針對烏克蘭社會與軍隊的心理分化戰。俄方利用媒體、假帳號與滲透性言論，散布「基輔已被出賣」、「東部將獨立」、「軍方高層親

第一節　如何在人心裡製造裂痕：心理戰的分化原理

俄」等訊息，試圖削弱烏軍內部對國家的認同與指揮體系的信任。

烏克蘭方面雖積極反制，並建立了快速反應的事實查核機制與戰時媒體系統，但初期仍有部份部隊出現遲疑與逃離現象。這場前置心理戰證明，即使尚未動武，分化與信任攻擊早已在民心與軍心上劃出一道裂口。

蔣百里（1932）在《國防論》中提及：「國可無兵，不可無志；志若兩分，敵不戰而勝。」心理分化即是一種讓對手自亂陣腳、不戰先潰的現代戰略核心。

第三章　讓敵人自亂陣腳：恐懼、羞辱與心理解體戰術

第二節　恐懼操控術：情報、威脅與模擬襲擊的戰略心理

【戰爭啟示錄】你不必真的開火，只要讓敵人不敢入睡。

恐懼不是結果，而是武器

在戰爭心理學中，恐懼不只是情緒反應，更是一種可設計與可部署的戰略資源。根據心理學家保羅・艾克曼（Paul Ekman）對情緒的分類，恐懼是一種原始情緒，能迅速啟動逃避、迴避與服從反應，從而影響決策與行動。

克勞塞維茲（Carl von Clausewitz）在《戰爭論》中提出：「戰爭的目標不在於摧毀敵人，而是使其意志屈服。」而恐懼，正是讓意志屈服的捷徑。透過精準控制的訊息與情境刺激，領導者可以在人心中植入一種「永遠不確定會不會遭受攻擊」的心理狀態，這種不確定性比實際打擊更具消耗力。

情報操控：用不對稱資訊激發不對稱恐懼

現代戰爭中，情報不再只是事實蒐集工具，更是製造恐懼的操控介面。所謂「認知作戰」就是運用真偽交錯的情報

|| 第二節　恐懼操控術：情報、威脅與模擬襲擊的戰略心理 ||

流，讓敵方高層與基層都無法準確判斷現實情況，進而產生焦慮與不信任。

根據 NATO 創新中心於 2021 年發布的 Cognitive Warfare 報告，認知戰中的一項常見策略，是向敵方散布模糊但高度可信的警告性語句，如「今晚可能有空襲」或「某單位將被攻擊」，即便未真正執行，也能使對方在心理與戰術層面遭遇雙重消耗，例如過度調動、無效戒備、內部質疑與疲勞決策等。

威脅傳播：用預期痛苦瓦解決策意志

在心理戰中，真正有效的不是施加痛苦，而是「讓人期待痛苦」。這種稱為「預期性恐懼」（anticipatory fear）的現象，在心理學上已被廣泛研究，指出人類對未知威脅的反應通常遠大於對實際傷害的承受力。

以色列軍方在對抗哈瑪斯的行動中，經常使用假空襲警報與低空飛行策略，在未發動實際攻擊前即引發大規模疏散與心理失控。這種模擬攻擊不但無須付出彈藥成本，還能達成心理恐嚇效果，是「以壓力換資源」的典型策略。

第三章　讓敵人自亂陣腳：恐懼、羞辱與心理解體戰術

模擬襲擊與心理崩解：行為控制的無形武器

模擬襲擊不僅是一種實體作戰演習，也是一種「行為導向操控術」。當部隊與平民被迫一再演練撤離、轉移與躲避，就會逐漸失去日常感、安全感與方向感。這種「生活結構的解構」，正是心理崩解的開始。

心理學家指出，當人類的日常節奏遭受反覆破壞，會引發「存在性焦慮」（existential anxiety），進而導致服從命令、情緒麻痺與認知退化。這使得敵方部隊與社會無需直接打擊也會自我削弱。

恐懼戰的實戰失敗：
伊拉克戰爭中「震懾戰略」的反效果

2003 年美國入侵伊拉克時所採用的「震懾戰略」（shock and awe）正是最典型的恐懼操控戰術。此策略主張透過快速、壓倒性火力讓敵方心理瞬間崩潰。然而，結果卻事與願違。

儘管美軍初期取得戰術優勢，但伊拉克民間與軍隊並未因此完全屈服，反而產生「敵我模糊、恐懼轉向敵意」的逆向效果。許多伊拉克士兵脫下軍裝投入地方武裝，平民在恐懼中轉向宗派仇恨與反美情緒，使得戰後局勢更為複雜。

第二節　恐懼操控術：情報、威脅與模擬襲擊的戰略心理

這證明了恐懼雖然強大,但若使用不當,反而會破壞原有的社會穩定結構。正如蔣百里(1932)所說:「恫嚇而無道,則民懼之而不服。」真正有效的恐懼策略,必須以精準、節奏與心理容量為基礎,否則便會反噬主事者的戰略布局。

第三章　讓敵人自亂陣腳：恐懼、羞辱與心理解體戰術

第三節　羞辱性行動與自尊崩解：文化與情境的破壞力

【戰爭啟示錄】殺敵一千，不如讓他自覺無地自容。

羞辱：打擊敵人心理堡壘的精準武器

在戰爭中，羞辱性行動是一種極具破壞力的心理攻擊。根據心理學家湯瑪斯·謝夫（Thomas Scheff）對羞辱的定義，它不只是負面評價，而是對「社會價值認同」的否定。這種情緒一旦被喚起，會造成強烈的自我否定、群體焦慮甚至攻擊性行為，成為催化戰爭升級或心理潰散的關鍵因子。

克勞塞維茲（Carl von Clausewitz）曾指出：「敵人之恨源於被貶抑的尊嚴，而非失去的土地。」戰爭中的羞辱行動，從軍服剝除、遺體示眾，到被迫錄製投降影片，目的皆是削弱士兵的自我價值感，進而引爆心理崩潰或社會怒火。

文化定位與羞辱效應：同樣行動，不同結果

羞辱的破壞力高度仰賴文化語境。在某些文化中，名譽重於生命，被公開貶損或曝光私密內容即代表永難恢復的社

第三節　羞辱性行動與自尊崩解：文化與情境的破壞力

會地位。例如在中東、東亞或拉丁文化圈，羞辱常常被視為比肉體傷害更嚴重的懲罰。

相反，在重視個人主義與開放價值的文化中，羞辱行動可能被視為挑釁、但不必然導致心理崩解。因此，心理戰操作者必須深度理解目標文化對「名譽、自尊、社會角色」的價值排序，否則可能產生「羞辱失靈」，甚至引發激烈反擊。

羞辱的設計技術：從儀式到媒體的操控

羞辱性戰術的設計可透過三個層次執行：第一層是「儀式化」，例如公開剃髮、摘帽、撕徽等象徵性動作；第二層是「敘事重構」，透過媒體操控與影像敘事改寫對手形象；第三層是「群體連坐」，即將個人羞辱放大為部隊或國族羞辱，造成群體性的情緒內爆。

以 ISIS 對待俘虜的錄影行動為例，儘管受到國際譴責，但其對目標社群形成極大心理震撼。心理學者指出，當羞辱與恐懼交織時，會造成「價值觀崩解效應」（value disintegration effect），受害群體可能放棄原有信念體系，轉而走向極端反應或無力化狀態。

第三章　讓敵人自亂陣腳：恐懼、羞辱與心理解體戰術

自尊崩解的心理歷程：從羞辱到解體的三步驟

羞辱若能成功進入目標心理，將引發三階段心理瓦解：首先是「認同動搖」，當事者開始質疑自身角色正當性；其次是「自我割離」，即情緒與價值觀之間產生斷裂，導致失落、麻痺、否認；最後是「社會連結斷裂」，即失去作為群體成員的尊嚴與歸屬感。

這一連串心理動能不僅削弱個體戰鬥力，更會傳染至整體士氣與信念體系，使得戰場上看似完整的部隊，其實早已從內部鬆動。

心理羞辱戰的反噬案例：阿布格萊布監獄事件

2004 年，美軍在伊拉克阿布格萊布監獄中對伊拉克囚犯施以羞辱與虐待行為，包括裸體遊行、性姿勢強迫、拍照嘲笑等，這些影像隨後被曝光，引發全球震撼。

這些行為本意是削弱俘虜意志與情報抵抗力，卻因文化語境與人權意識碰撞，引爆伊斯蘭世界與國際社會的強烈反彈，反使美軍失去道德制高點與心理戰正當性。

正如蔣百里（1932）在《國防論》中所說：「辱敵不如敗敵，辱之而不滅之，禍將反己。」羞辱雖可摧毀一時的自信，

第三節　羞辱性行動與自尊崩解：文化與情境的破壞力

但若未妥善設計與後續控制,其反噬效應足以讓整場戰爭的道德基礎徹底崩毀。

第三章　讓敵人自亂陣腳：恐懼、羞辱與心理解體戰術

第四節　士氣瓦解的心理流程與對手內部失衡機制

【戰爭啟示錄】一支軍隊真正的潰敗，往往不是死於槍彈，而是死於失望。

士氣的心理結構：三大核心維度

士氣（morale）在軍事語境中指的不只是情緒好壞，而是一種心理資產的整體運作。根據心理學家的研究，士氣由三個心理維度構成：第一是「意義認知」，即對戰爭目標的認同程度；第二是「自我效能」，即對自身與部隊能力的信心；第三是「群體歸屬」，即是否認為自己是團隊中不可或缺的一員。

士氣不是一種狀態，而是一個過程。它隨著領導、環境、任務與敵情的變化而波動，若未及時察覺與修復，將轉化為「心理潰逃」，即使外在條件未崩潰，部隊內部已出現解構跡象。

第四節　士氣瓦解的心理流程與對手內部失衡機制

瓦解流程第一階段：從動機困惑開始

當士兵開始質疑戰爭的目的或自身在其中的意義，士氣瓦解的第一張骨牌就已倒下。這類「動機困惑」通常源自三種來源：過度犧牲未見成果、政策搖擺造成前線混亂、或領導者形象崩解。這些因素會觸發一種「目的失語症」，即士兵無法再用語言或信念解釋自己為何而戰。

根據克勞塞維茲（Carl von Clausewitz）在《戰爭論》中的說法：「意志的力量在於目標的明確。」一旦目標模糊，意志就會枯萎，進而使部隊進入消極服從與無意識行動狀態，對任何命令不再有心理上的連結感。

第二階段：自我效能的瓦解與無力感蔓延

隨著動機崩解，下一階段是「自我效能感」的瓦解。當士兵反覆經歷失敗、犧牲與無法反擊的情境，會逐漸形成一種「習得性無助」（learned helplessness）狀態，這是心理學家馬汀‧塞利格曼（Martin Seligman）所提出的重要概念。

此時的士兵即使擁有武器與命令，也會出現遲緩、回避與漠視行為。他們可能表面仍參與行動，內心卻早已退出戰爭，這種「形式參與、心理缺席」的狀態，會使戰鬥力急劇下降。

第三章　讓敵人自亂陣腳：恐懼、羞辱與心理解體戰術

第三階段：群體動能崩潰與內部信任破產

最終階段是整體群體感的解體。當部隊內部開始互相猜忌、推卸責任與缺乏互助，士氣即告全面潰散。這種「信任破產」常表現在以下幾種行為：對上級命令持保留態度、士兵互不支援、個人尋求自保行為增多。

心理學家布魯斯·塔克曼（Bruce Tuckman）所描述的「群體退化」理論指出，一個團體若失去共同目標與內部信任，將退化為鬆散聚集體，失去組織動能。在軍隊中，這種退化常被誤判為紀律問題，實際上卻是心理系統失衡的結果。

歷史上的士氣瓦解實例：越戰後期的美軍內部崩解

越南戰爭後期，美軍雖未在正面戰場被擊潰，但士氣與內部秩序卻迅速崩潰。根據美國國防部報告，自 1970 年起，美軍內部出現高比例的逃兵、拒戰、甚至對軍官暴力事件。

許多士兵反映他們不清楚作戰目標、對指揮層失去信任，且在面對無法辨識敵我、任務重複且無結果的戰爭環境中，產生強烈無力感與憤怒。最終，即使裝備與火力優勢仍在，美軍卻無法繼續有效作戰。

第四節　士氣瓦解的心理流程與對手內部失衡機制

這印證了蔣百里（1932）在《國防論》中的一句話：「心敗而後兵敗，志竭則軍滅。」現代戰爭的輸贏，不再只是兵力與戰術之爭，更是心理與士氣的對決。

第三章　讓敵人自亂陣腳：恐懼、羞辱與心理解體戰術

第五節
恐懼比火力有效：伊拉克戰爭中的「震懾戰略」與失敗

【戰爭啟示錄】當你用雷聲想讓敵人屈服，小心他在沉默裡養成了仇恨。

理論出發點：「震懾戰略」的心理假設

震懾戰略（Shock and Awe）原意是透過壓倒性力量與速度，使敵人心理完全崩潰，進而放棄抵抗。該理論由哈倫‧烏爾曼（Harlan K. Ullman）與詹姆斯‧韋德（James P. Wade）於 1996 年提出，其根據是：若能讓敵人瞬間失去對抗的希望與認知控制能力，就能達成快速勝利。

此理論深受克勞塞維茲（Carl von Clausewitz）關於「心理優勢」與「決心破壞」的戰爭觀影響，認為對手一旦喪失信心，其戰鬥效能將自動解體。震懾戰略因此設計為一種心理快攻術，意在「讓敵人來不及反應就放棄反抗」。

第五節　恐懼比火力有效：伊拉克戰爭中的「震懾戰略」與失敗

實施背景：2003年美軍入侵伊拉克

2003年，美國以掃除「大規模毀滅性武器」為由，發動對伊拉克的軍事行動。在首波攻擊中，美軍透過高精度轟炸、夜間閃電襲擊與資訊遮斷，對巴格達進行多日密集轟炸，企圖讓伊軍高層與基層同時心理瓦解。

這場行動的策略核心正是「震懾戰略」，期望快速擊潰政治中心與指揮系統，並透過媒體轉播加強心理威懾效應。然而，雖然伊拉克政府短時間內瓦解，巴格達亦迅速陷落，但戰爭卻並未如預期終止，反而進入了漫長的反叛與游擊戰階段。

心理落差：為何伊軍與民間沒有崩潰？

震懾戰略的第一個錯判，在於高估了恐懼的統一效果。根據心理學家亞倫・貝克（Aaron Beck）對創傷後壓力症候群（PTSD）的研究，面對巨大壓力時，人類會產生不同適應反應：一部分人會崩潰，但另一部分人則會強化信念、激化攻擊行為。

在伊拉克社會中，許多民眾與士兵將攻擊視為外來侮辱，產生強烈的「文化羞辱與反抗心理」。此外，美軍缺乏後續建制與治理計畫，導致地方真空迅速被反美武裝填補。這

第三章　讓敵人自亂陣腳：恐懼、羞辱與心理解體戰術

使得震懾所帶來的恐懼未能轉化為服從，反而轉向敵意與動員，進一步激化戰事。

認知控制失效：從威懾到失控的心理轉折

震懾戰略的第二個失敗，是未能掌握對手心理控制點的轉移。當初設計策略時，假設伊軍高層會因驚懼而解體，基層部隊會因缺乏指令而瓦解。然而實際上，伊軍多數高層逃亡，基層反而開始自組勢力，轉入非對稱戰爭狀態。

根據社會心理學家高夫曼（Erving Goffman）的角色理論，一旦舊有角色被摧毀但未及時建立新角色框架，個體將傾向於以極端行為來重建自我認同。這也說明為何伊拉克許多青年迅速轉向伊斯蘭激進組織，將戰爭重新詮釋為「聖戰」而非「政權保衛戰」。

從震懾到陷阱：戰略誤判的心理代價

最終，「震懾」並未達成心靈崩潰的效果，反而創造了一個高度恐懼、信任崩解、文化憤怒與權力真空交織的社會心理陷阱。伊拉克局勢的惡化，不只反映戰略執行的技術錯誤，更暴露出對敵方心理結構的誤判。

第五節　恐懼比火力有效：伊拉克戰爭中的「震懾戰略」與失敗

正如蔣百里（1932）所說：「用力者傷，用智者解，用心者勝。」單靠力量無法摧毀一個民族的抵抗意志，真正的勝利來自於對對手內部心理動力的掌握與轉化。

伊拉克戰爭教會我們，恐懼雖能短暫制服人心，但若缺乏後續心理整合與情境回復，恐懼本身將成為激進化的催化劑，引爆新的衝突與更深的失控。

第三章　讓敵人自亂陣腳：恐懼、羞辱與心理解體戰術

第四章
認知作戰：打贏對方的信念系統

第四章　認知作戰：打贏對方的信念系統

第一節　認知不是宣傳：從思想結構開始的戰鬥

【戰爭啟示錄】子彈打的是身體，訊息打的是心靈，而認知改變的，是整個世界觀。

什麼是認知作戰？
不是訊息轟炸，而是信念解構

認知作戰（Cognitive Warfare）是 21 世紀戰爭最深層也最難察覺的形式。它的目的不是操縱人們的選擇，而是改變人們看待世界的方式。正如加拿大國防部在《認知戰報告》(2021) 中所言：「認知戰是一場以心智為戰場的競賽，其目標不在於說服，而在於轉化。」

這種戰爭形式不只關注假訊息或資訊操控，而是深度干預對方的思想結構與價值信仰，使其自動、自發地作出有利於己方的判斷。與傳統心理戰不同，認知戰不尋求短期效果，而是藉由反覆輸入與敘事設計，長期侵蝕對方的信念系統。

第一節　認知不是宣傳：從思想結構開始的戰鬥

思想結構的五層防禦與滲透點

根據心理學家羅伯特・迪爾茲（Robert Dilts）提出的「信念金字塔」，個體的思想結構可分為五層：環境層（對世界的感知）、行為層（對行動的選擇）、能力層（對自我能力的判斷）、信念價值層（對什麼是對錯的理解）與身分層（對自己是誰的認知）。

認知作戰的目標正是攻擊這五層系統，尤其是後三層——能力、價值與身分——一旦動搖，整體心理結構便會崩潰。舉例來說，若讓對方相信「我們無法打勝仗」、「我們的領導不值得信任」、「我們作為民族是不被尊重的」，那麼敵方即便軍事資源仍在，也會自我解構。

敵方信念的建立方式：歷史、敘事與教育體系

為了有效展開認知作戰，首先必須了解對手信念系統的生成路徑。大多數政權的心理正當性建立於三項基礎：歷史敘事、教育制度與媒體環境。

這些系統共同建構出一套自洽的「認同矩陣」，也就是群體如何解釋自己的過去、當下與未來。認知作戰即針對這套矩陣進行「替代性解釋」的植入，讓對方在潛移默化中開始懷

第四章　認知作戰：打贏對方的信念系統

疑自己原本信以為真的事情。例如烏克蘭在 2014 年開始強化本國歷史教育以對抗俄羅斯敘事，就是認知防衛的實例。

從懷疑到轉向：認知戰的心理階梯模型

有效的認知操控不會強行改變信仰，而是循序漸進讓個體經歷一連串心理階梯。這包括：第一步，「認知摩擦」，即資訊與信念發生衝突；第二步，「情緒轉移」，讓原本信任的對象引發情緒不適；第三步，「替代敘事植入」，提供另一種看似合理的解釋；第四步，「角色重組」，讓個體開始重新界定自己在歷史或社會中的位置。

心理學家利昂・費斯汀格（Leon Festinger）所提出的「認知失調理論」即指出：當人無法協調新資訊與原有信念時，會傾向改變信念以減少不適。認知作戰正是利用這種不適感作為介入契機，逐步改寫整體世界觀。

實例預告：
俄烏戰爭的敘事攻防如何影響全球觀感

2022 年俄羅斯入侵烏克蘭後，雙方展開一場極其激烈的認知戰。烏克蘭總統澤倫斯基採取強烈的敘事主權策略，透過社群媒體與國際發言，將戰爭框架塑造成「民主對抗專

第一節　認知不是宣傳：從思想結構開始的戰鬥

制」、「人權對抗侵略」的全球正義對決。

相對地，俄羅斯則持續在境內灌輸「自我防衛」、「去納粹化」與「歷史糾正」的敘事，試圖固守國內支持基盤。這場戰爭尚未結束，但在認知領域中，雙方的攻防已讓全球觀眾產生分裂，也突顯了認知作戰遠比坦克與飛彈更具長期影響力。

正如蔣百里（1932）在《國防論》中所言：「信仰不堅，則無以久守；心志既搖，則勝負可判。」現代戰爭的真正起點，不在於武器升空，而在於心智是否開始動搖。

第四章　認知作戰：打贏對方的信念系統

第二節
媒體操作、敘事設計與意識形態重構

【戰爭啟示錄】戰爭不只是誰開第一槍,而是誰寫下第一句話。

媒體即戰場:控制頻道,就是控制戰爭進程

在現代戰爭中,媒體早已不只是傳遞資訊的工具,而是戰場的一部分。控制媒體,就是控制戰爭敘事的入口;而誰能設定話語的起點,誰就能影響公眾對戰爭正當性的認知結構。心理學家喬治‧葛本納（George Gerbner）在其培養理論中指出:「媒體反覆呈現的現實會漸漸成為人們心中的現實。」

由此可知,媒體操作的目的,不是讓人了解真相,而是讓人認為「這就是全部的真相」。戰爭中,新聞頻道、社群媒體與即時影像,皆可被用來做為敘事的工具,將戰爭塑造成「必要的」、「正義的」甚至「值得榮耀的」。

第二節　媒體操作、敘事設計與意識形態重構

敘事設計：如何讓事件變成有信念張力的故事

敘事設計（Narrative Engineering）是一種將事件與價值結構交織，並編排情緒節奏的技術。在認知作戰中，敘事的目的是提供一套能自圓其說、可情感共鳴的「故事版本」，讓公眾能將其內化為自己信仰體系的一部分。

根據心理學家傑羅姆・布魯納（Jerome Bruner）的研究，人類對世界的理解以敘事為基本單位，不是靠資料而是靠故事。因此，有效的敘事設計需要三要素：角色定位（善與惡的清晰劃分）、衝突引導（設定迫害或背叛的情節）與道德結論（正當性與未來希望）。

舉例來說，當烏克蘭將自己塑造成「捍衛家園的小國」、而將俄羅斯設定為「霸權入侵者」，整個戰爭敘事便獲得情感上的全球共鳴。

操控媒體的三種模式：管道、內容與節奏

媒體操作可從三個層面進行：第一是「管道控制」，即掌握媒體來源與傳播節點，例如掌控主要新聞臺、網紅資源或社群帳號；第二是「內容製作」，即主動產製有利己方的影像與報導；第三是「訊息節奏」，即控制何時發布、何時沉默、何時反駁。

第四章　認知作戰：打贏對方的信念系統

　　這些策略的組合可以造成強烈的認知引導。例如：俄羅斯在克里米亞行動中，大量使用預錄畫面與同步播放假新聞，混淆時空與因果邏輯，導致外界難以辨認真相。這種操作不在於使人相信特定事實，而是讓人失去判斷力，進而放棄思考。

意識形態的重構：讓戰爭變成「價值對抗」

　　在認知作戰的高階目標中，不只是讓人接受一場戰爭，而是讓人相信這場戰爭關乎「整個價值體系的存亡」。這種「價值對抗化」的操作邏輯，可見於冷戰時期的美蘇意識形態競爭，也展現在今日的俄烏衝突或美中科技戰之中。

　　當戰爭被詮釋為「文明與野蠻」、「自由與獨裁」、「信仰與虛無」的衝突時，原本的軍事對抗被升高為存在性對決，從而激發更強的忠誠與對立。心理學家索羅門・阿希（Solomon Asch）指出，人類在高度價值框架下，會傾向集體一致，即使對抗外在事實，也會維護內部信仰。

俄烏衝突中的敘事交戰：誰掌握了全球觀感？

　　自 2022 年俄羅斯入侵烏克蘭以來，雙方展開全面敘事交戰。烏克蘭運用社群媒體與即時影像塑造澤倫斯基的英雄形

第二節　媒體操作、敘事設計與意識形態重構

象,同時輸出「烏克蘭是自由堡壘」的敘事,成功引發歐美共鳴與大量支援。而俄羅斯則在國內透過國家媒體系統構建「反納粹」與「歷史糾正」的正當性,鞏固內部支持。

從全球反應來看,烏克蘭明顯在國際敘事領域取得領先,其原因不在武器而在於「敘事能量的跨文化傳播力」。這也說明了戰爭的勝敗,不再只看地圖與兵棋推演,而是看誰能讓全球觀眾接受「這是一場應該被支持的戰爭」。

正如蔣百里（1932）在《國防論》中所言:「國之興亡,先在人心之向背。」在這場資訊壟斷已死、敘事即力量的時代,掌握話語權即是掌握勝利的鑰匙。

第四章　認知作戰：打贏對方的信念系統

第三節
從敵人變同盟：如何讓對方開始質疑自身政權

【戰爭啟示錄】最強的進攻，是讓敵人懷疑他為誰而戰。

質疑政權的心理機制：從忠誠到懷疑的轉折點

在任何戰爭或衝突中，最強烈的心理戰效果莫過於讓敵方內部產生「信念動搖」。這種動搖並非外力強加，而是一種來自內部的矛盾、懷疑與失望。根據心理學家亞伯拉罕·馬斯洛（Abraham Maslow）提出的需求層次理論，個體在生理與安全需求獲得滿足後，會尋求價值與意義的確認；一旦他們發現所支持的政權無法提供這樣的認同，就會產生認知失調。

克勞塞維茲（Carl von Clausewitz）在《戰爭論》中強調：「戰爭是政治目的的延續。」若戰爭本身的正當性與政權的政治基礎發生矛盾，士兵與人民將在心中產生分裂，進而削弱服從動能與國家動員能力。

第三節　從敵人變同盟：如何讓對方開始質疑自身政權

操縱失望感：讓敵方覺得自己被出賣或犧牲

一種極具效果的認知作戰策略是「操縱失望感」。這種策略不是攻擊敵人的決策能力，而是針對基層士兵或平民散播「你被犧牲了」的消息。例如：「高層只顧保住權位」、「資源都被貪汙了」、「你只是政治秀的一部分」等說法，在重複傳播後，會引發心理脫鉤（psychological disengagement）。

這種脫鉤使原本投入戰爭的個體，不再將自己的努力與國家或政權連結起來，而是轉向自保、逃避，甚至質疑為何要服從。這種瓦解信任與認同的操作，比起軍事打擊更具穿透力，因為它發生在人的內心深處。

建立替代性認同：讓敵人看到另一種「我們」

要讓敵人從政權忠誠者變成可對話的同盟，不僅要摧毀舊有認同，更要提供新的歸屬感。這就是「替代性認同建構」策略的核心。此策略仰賴提供對手另一種可以投入的價值系統，例如更高階的民族理念、人道主義立場、或普世價值框架。

心理學家亨利．泰菲爾（Henri Tajfel）在社會認同理論中提到，當原有群體帶來恥辱或不安時，個體會傾向尋找新群體以修復自尊。例如在冷戰期間，美方透過「自由之聲電臺」

第四章　認知作戰：打贏對方的信念系統

向東歐國家播放反共敘事，同時強調「自由世界的包容」，使得許多原先效忠社會主義政權的人轉向支持西方陣營。

政治敘事鬆動的五大策略手法

要有效讓敵人質疑其政權，需操作以下五項心理技術：

(1) 高層醜聞曝光：散布與放大高層領導的腐敗、私生活與決策錯誤，動搖其道德權威。

(2) 替代媒體導入：使用短影音、社群平臺與匿名頻道，提供不同於國家媒體的觀點。

(3) 象徵性事件對比：製造強烈反差畫面，如「高層享樂 vs. 士兵受苦」的視覺敘事。

(4) 懷舊與未來敘事交錯：喚起過去「更好時代」的記憶，結合對未來的希望引導。

(5) 心理解放語言：使用「你有選擇」、「你值得更好」等語言模板激發主體感。

這些策略目的不是讓敵人立即投降，而是讓他們心理退出現有認同，進而形成「內部阻抗」，最終可能演變為倒戈或公開反抗。

第三節　從敵人變同盟：如何讓對方開始質疑自身政權

現代戰例：2022年俄烏戰爭中的俄軍潛在抵抗與心理鬆動跡象

在 2022 年俄羅斯入侵烏克蘭後，西方與烏克蘭多方展開針對俄軍與俄國民眾的認知作戰，強調戰爭無義、人民被犧牲、高層謊言與未來絕望。透過 Telegram、TikTok 與 YouTube 等平臺，傳遞俄軍陣亡影片、家屬哭訴、高層享樂等內容。

雖然俄羅斯政府強力封鎖與反制，但仍有跡象顯示部分士兵出現逃兵、自殘與不服從行為，也有俄國名人與民間群體公開反戰。這說明即使在高壓體制下，只要讓人「質疑為誰而戰」，認同的崩解與政權支持的下滑就無可避免。

正如蔣百里 (1932) 在《國防論》中所言：「兵不為將死，將不為國戰，則天下無強兵。」真正的勝利不是消滅敵人，而是讓敵人自我放棄。

第四章　認知作戰：打贏對方的信念系統

第四節
領導敘事主權：建構「我們是對的」的心理優勢

【戰爭啟示錄】真正能帶兵的領導者，不只解釋現實，更能創造現實。

敘事主權的定義：
不只是誰發聲，而是誰定義現實

在認知作戰中，敘事主權（narrative sovereignty）是一種心理制高點。它指的是一個國家或軍事組織掌握集體信念的能力，能定義「我們是誰」、「為何而戰」與「對手是誰」。擁有敘事主權的領導者，不只是說服人民接受戰爭，更能讓人民認為「別無選擇」地支持。

心理學家艾瑞克・艾瑞克森（Erik Erikson）在其「身分認同理論」中指出，個體需要透過清晰的社會敘事來確立自我，否則將進入「身分混亂」狀態。戰時若領導者無法提供有力敘事，將使軍心與民心進入心理真空，造成行動遲滯、信仰滑移，最終導致戰略瓦解。

第四節　領導敘事主權：建構「我們是對的」的心理優勢

戰時敘事的三大結構要素：記憶、敵人與使命

要建立強大的敘事主權，戰時領導必須從三個維度進行：

(1)記憶框架：召喚歷史傷痕或光榮，建構「我們過去曾被迫害或勝利」的共同記憶。

(2)敵人塑造：將對手定位成價值威脅的象徵，如「入侵者」、「背叛者」、「文明的敵人」。

(3)使命召喚：賦予戰爭崇高意義，例如「捍衛家園」、「守護未來」、「延續信仰」。

這三者結合之後，將使戰爭不再只是政策選擇，而是存在性的必然。此時，群體會出現「敘事依附效應」(narrative adherence effect)，即便現實不如預期，也會維護原始信念以維持內在一致性。

領導語言與象徵話語的操控術

一名有效掌握敘事主權的領導者，必須同時具備語言精準與情境引導能力。心理學家艾伯特‧麥拉賓（Albert Mehrabian）研究指出，人類的態度接受約55％來自視覺線索、38％來自聲音語調、僅7％來自文字內容。因此，領導者的演說、身體語言與媒體形象設計，構成敘事權的基礎策略。

第四章　認知作戰：打贏對方的信念系統

此外，語言中若能搭載象徵話語，如「自由」、「尊嚴」、「子孫未來」等情感投射標籤，將使受眾更容易將自身生命歷程與國家敘事進行連結。這種策略已廣泛用於領導危機下的群眾動員與國族認同重建。

敘事主權的防禦功能：
阻止認知入侵與敵方重寫劇本

除了進攻，敘事主權同樣具備防禦功能。它可預防敵方透過假訊息、對比報導與象徵操控進行「敘事顛覆」（narrative inversion），即將原本的正義角色翻轉為加害者形象。

當國家或部隊已建立穩固敘事邏輯時，即便遭遇資訊戰與社群挑戰，民眾也能透過既有敘事進行「選擇性接受」（selective exposure），主動排除與信仰不符的資訊，維持戰時心理穩定。

實戰案例：
1982年英國福克蘭戰爭中的柴契爾夫人敘事操盤

福克蘭戰爭期間，英國前首相柴契爾夫人展現了強大的敘事主權操控力。在阿根廷突襲福克蘭群島後，柴契爾夫人並未僅以領土保衛作為論述，而是強調「英國人民的意志與

第四節　領導敘事主權:建構「我們是對的」的心理優勢

榮譽受到挑戰」,並引用「我們不投降、我們不妥協」等語句塑造集體心理戰鬥意象。

她成功將這場小規模領土衝突升格為全球關注的民主堅持行動,重新凝聚國內保守派與民心。戰後,英國大眾對戰事多表支持,柴契爾夫人聲望也因之高漲。這證明了敘事主權可轉化不利局勢為戰略勝勢,形成超越軍事層面的整體心理優勢。

如蔣百里(1932)在《國防論》中言:「兵可敗而志不可奪,志若堅,百戰不殆。」一位懂得說故事的領袖,比懂得用兵的將軍,更能決定戰爭的勝負。

第四章　認知作戰：打贏對方的信念系統

第五節　資訊戰的終極型態：俄烏戰爭中的認知操控攻防

【戰爭啟示錄】現代戰爭的前線，不再是疆界，而是認知邊界。

認知操控的高度整合：
從戰略到行動的全譜系攻擊

2022 年俄羅斯入侵烏克蘭，揭示了資訊戰在現代戰爭中的關鍵地位。不同於傳統宣傳或心理戰，這場戰爭中雙方將認知操控系統化、數位化、即時化，展現出「全譜系認知戰」（Full-spectrum cognitive warfare）的態勢。從外交演說、社群操作、媒體戰報、到 AI 生成影片，每一層級都精準對應目標群體，目的是全面占據敘事主權與信念框架。

根據法國國防創新署（Agence de l'innovation de défense）於 2022 年所提出的《數位戰爭與認知控制報告》，這場衝突首次將「心智控制」提升為戰略層級，使資訊戰不再附屬於傳統戰場，而是作為主體出擊方向。

第五節　資訊戰的終極型態：俄烏戰爭中的認知操控攻防

烏克蘭的敘事反擊：
澤倫斯基如何主導全球認知節奏

面對俄羅斯龐大的媒體與軍事壓力，烏克蘭總統弗拉基米爾・澤倫斯基選擇以「即時敘事主導」對抗。在開戰後的 72 小時內，他不僅拒絕撤離，更頻繁出現在推特、Instagram 與 YouTube 上，以自拍影片、簡潔語言、情緒訴求穩定民心、感動國際。

澤倫斯基的敘事設計聚焦三大主軸：「我是與你們同在的公民領袖」、「這不只是烏克蘭，是民主的保衛戰」、「我們不是求援，而是一起對抗邪惡」。這些語句強化了烏克蘭在國際上的正當性，使全球輿論逐漸傾向支持，形成了資訊戰的逆轉勢頭。

俄羅斯的認知攻勢：
從歷史話語到數位假象建構

俄羅斯則採取典型的「敘事先攻」策略，早在軍事行動前，即大量鋪設「去納粹化」、「保護俄語區人民」與「歷史糾正」等主張。在國內，俄國官方媒體及網軍同步運作，透過大量重複與資訊封鎖建立單一視角，強化民族防禦情緒。

在國際層面，俄方亦大量使用 Deepfake 技術散布假影

第四章　認知作戰：打贏對方的信念系統

片、冒充烏克蘭軍官發表投降聲明，試圖造成恐慌與誤導。此外，駭客組織也被動員進行資訊封鎖與反制，試圖中斷西方敘事滲透。

戰場之外的戰爭：
數位公民與全球觀眾的角色轉變

這場資訊戰最大的特徵之一，是公民不再只是接收者，而是資訊的創造者與再傳播者。全球數位觀眾透過分享、評論與篩選，參與到認知戰的節奏制定中。社群平臺成為戰場，各國政府、媒體與組織紛紛設立「事實查核」機制，以防認知錯亂與情緒病毒蔓延。

美國法律學者凱斯・桑斯坦（Cass Sunstein）提出的「可得性級聯」（Availability Cascade）指出，一旦特定觀點成為多數共識，其敘事會自動被視為「真實」。烏克蘭成功的認知戰即是利用這種群體動能，將澤倫斯基的敘事轉化為主流意識形態，進一步推動軍事與外交支持。

認知即國土，心靈即疆界

俄烏戰爭說明，資訊戰的終極型態不是製造假新聞，而是重新設定世界的解釋邏輯。正如蔣百里（1932）所言：「疆

第五節　資訊戰的終極型態：俄烏戰爭中的認知操控攻防

界可奪而復，心界一失，則魂滅其國。」未來的戰爭不再僅靠兵力與火力，關鍵在於誰能最早占領人們的信念之地圖、誰能最久維持敘事的主導權。

這場戰爭尚未結束，但認知戰的攻防已為世人示範了未來軍事衝突的真正樣貌：打的不是陣地，而是認同；守的不是城市，而是心智；勝的不是打得快，而是說得準。

第四章　認知作戰：打贏對方的信念系統

第五章
情緒崩潰的臨界點：什麼讓士兵逃跑？

第五章　情緒崩潰的臨界點：什麼讓士兵逃跑？

第一節
從應激到崩潰：個體心理在戰場的崩壞過程

【戰爭啟示錄】崩潰不是從外部開始，而是從呼吸開始急促的那一刻。

應激反應與心理負載的臨界線

每一位進入戰場的士兵都必須面對突如其來的壓力衝擊，即所謂的「戰場壓力反應」（combat stress reaction, CSR）。這種反應是一種急性生理與心理防衛機制，源自於人類的「戰或逃」（fight or flight）本能。生理學家華特・坎農（Walter Cannon）指出，當身體面臨威脅時，會迅速釋放腎上腺素與皮質醇，使心跳加速、肌肉緊繃、呼吸急促，進入超高張力狀態。

然而，若這種高張力無法有效排解或持續存在，便會開始侵蝕個體的認知與情緒系統。此時士兵會出現判斷力遲鈍、記憶錯亂、焦慮升高、甚至幻覺與失控等現象。這並非「心理軟弱」，而是大腦在極端情境下的正常反應。

第一節　從應激到崩潰：個體心理在戰場的崩壞過程

認知失調與現實脫鉤的心理過程

進一步而言，戰場崩潰的第一階段往往是「認知失調」（cognitive dissonance）。心理學家利昂・費斯汀格（Leon Festinger）提出，當一個人所見所感與其信念出現巨大落差時，內在會產生強烈不適與混亂感。戰場中最典型的情況便是：士兵本以為保衛正義，卻目睹無辜被害；或原以為勝利在望，卻陷入重重危機。

這種認知衝突會使士兵陷入「現實懷疑」狀態，進而降低對命令的信任與戰爭正當性的認同，造成心理上的抽離與否認，逐步瓦解其戰鬥意志。

情緒淹沒與情感麻痺的交替循環

當認知系統開始解體，情緒系統便會承受爆炸性負荷。此時個體會進入「情緒湧動」（emotional flooding）狀態，也就是恐懼、哀傷、罪惡感與孤獨等情緒同時襲來，導致大腦前額葉皮質功能短暫喪失，無法做出理性決策。

與此同時，一些士兵會出現相反的反應，即進入「情感麻痺」（emotional numbing）。他們可能面無表情、不再回應外界刺激、對夥伴受傷毫無反應，甚至以過度幽默或冷漠語

第五章　情緒崩潰的臨界點：什麼讓士兵逃跑？

言應對死亡，這是一種心理自保機制，透過關閉情感通道來減緩心理崩壞。

自我瓦解與身分崩潰：戰場孤立感的最終形態

在情緒層面持續破壞下，士兵將進入「自我瓦解」階段。此時，他不再感覺自己是軍隊的一員，甚至質疑自己的存在價值與生命意義。心理學家維克多・弗蘭克（Viktor Frankl）在其著作《向生命說 Yes》中指出：「當人失去對意義的期待時，便不再尋求生存。」

在戰場中，這種絕望會轉化為逃亡衝動、自殘傾向、甚至攻擊上級與同袍的極端行為，反映出整個心理系統的崩潰。這也是許多士兵戰後罹患創傷後壓力症候群（PTSD）的心理基礎。

心理戰的起點在於理解人的崩潰軌跡

戰爭不是只靠子彈與坦克取勝，更在於是否理解人心崩潰的臨界點。正如克勞塞維茲（Carl von Clausewitz）在《戰爭論》中所述：「戰爭不只是物理力量的對抗，更是心理意志的破壞與建構。」

第一節　從應激到崩潰：個體心理在戰場的崩壞過程

要設計有效的心理作戰或士氣維繫策略，必須深入理解從受壓到崩潰的每一層心理歷程。因為一旦士兵心中的戰線崩塌，整個部隊即使仍在陣地上，也早已輸掉這場看不見的戰爭。

第五章　情緒崩潰的臨界點：什麼讓士兵逃跑？

第二節
士氣潰散的社會心理學條件

【戰爭啟示錄】沒有士氣崩潰的軍隊，只有被集體孤立的士兵。

士氣是群體心理的集體產物

在戰爭中，「士氣」不是孤立個體的情緒波動，而是一種高度社會化的心理現象。心理學家古斯塔夫・勒龐（Gustave Le Bon）早在《群眾心理學》中指出，個體在群體中會產生情緒傳染與從眾行為，進而形成一種集體意志。軍隊中的士氣即源於此，它不僅來自對戰爭目的的認同，更來自於群體互信、任務連帶與社會認可的綜合效應。

當群體信任出現裂痕、任務意義模糊或社會支持減弱時，整體士氣便會呈現連鎖式崩潰，從部分士兵開始懷疑，到整個連隊失去戰鬥意志。

第二節　士氣潰散的社會心理學條件

社會支持系統的缺席與孤立感擴張

根據社會心理學者山繆・斯托福（Samuel Stouffer）在《戰鬥中的士兵》(The American Soldier)中對美軍士兵的研究，社會支持是維繫士氣的核心因素。當士兵覺得國內民眾理解並支持他們所做的犧牲時，心理上會有「集體承認的價值感」。

但若社會輿論對戰爭冷漠、媒體聚焦於負面消息，或士兵被標籤為「侵略者」而非「守護者」，其士氣將迅速下滑。越戰時期的美軍即是一例：社會反戰浪潮削弱了士兵的正當性認同，使他們感覺「被遺棄在戰場」。

內部競爭與資源不均的破壞性影響

軍隊內部若存在明顯階級鴻溝、物資分配不公或晉升偏差，也會嚴重侵蝕士氣。當士兵認為努力無法換取公平、忠誠不被重視，便會出現「道德疲勞」與「心理撤退」。

社會心理學家亞當斯（John Stacey Adams）提出的「公平理論」指出，人們會將自己的投入與回報與他人比較，若覺得不公平，就會產生憤怒與疏離感。軍隊中若出現「長官吃肉、基層吃苦」的現象，即便軍紀嚴明，內部也將逐漸解構。

第五章　情緒崩潰的臨界點：什麼讓士兵逃跑？

傳播失控與謠言系統的瓦解效應

在訊息未能有效下達、命令曖昧不清或領導缺席情況下，軍中便容易出現謠言擴散現象。這種現象不只是資訊問題，更是信任機制的崩解。謠言常具高度情緒性與戲劇性，如「我們被出賣了」、「援軍不來了」、「高層已逃亡」等。

心理學家高爾頓·奧爾波特（Gordon Allport）認為謠言的擴散取決於「重要性 × 模糊性」的乘積，也就是一件事越重要但越模糊，越容易成為謠言焦點。這種不確定性會造成集體焦慮，進而引發逃兵潮或軍紀崩潰。

士氣潰散不是偶然，而是系統性崩壞

士氣不是抽象意念，而是結構性的心理現象。當軍隊失去社會支持、內部公平、清晰命令與情感連結時，士兵即便裝備精良也難以持續作戰。正如蔣百里（1932）所言：「人心崩，而軍心碎；軍心碎，而國不可保。」

理解士氣潰散的社會心理機制，不只是為了防止軍心潰敗，更是為了建構一支真正穩固的心理防線。因為，戰爭打的不是誰先開槍，而是誰能讓部隊不在風中先倒下。

第三節　戰場創傷與「習得性無助」：為何軍人不再戰鬥

【戰爭啟示錄】當一個士兵不再嘗試逃跑或反抗，他已不再相信任何行動有用。

從創傷到麻痺：戰場經驗如何壓垮心理系統

戰場創傷（combat trauma）指的是士兵在極端暴力、持續恐懼與失控環境中產生的心理與生理應激反應。這類創傷不只影響士兵當下的戰鬥能力，更會長期削弱其決策判斷、情感反應與自我價值感。根據美國退伍軍人事務部（VA）統計，曾經歷近距離作戰的軍人中，有近四成顯示出創傷後壓力症候群（PTSD）或其他類似症狀。

心理學家貝塞爾·范德寇（Bessel van der Kolk）指出，創傷會造成大腦杏仁核（掌管情緒）過度活化，並使前額葉（負責理性思考）功能受限，導致個體失去對時間、空間與自我的穩定認知，進而陷入「反應遲鈍、動作僵硬、情緒冷卻」的狀態。

第五章　情緒崩潰的臨界點：什麼讓士兵逃跑？

習得性無助：反覆失敗如何摧毀主體意志

美國心理學家馬汀・塞利格曼（Martin Seligman）於1967年提出「習得性無助」（learned helplessness）理論，認為個體若經歷多次無法掌控的負面結果，最終會產生「不論做什麼都無法改變現狀」的信念，並逐漸停止嘗試。

在戰爭環境中，當士兵反覆遭遇任務失敗、夥伴喪命、援軍未到或命令混亂時，會開始質疑自身能力與存在價值。一旦這種信念成形，士兵不再積極參與戰鬥，也不會尋求自保，甚至拒絕逃生，進入「心理退場」狀態。

行動癱瘓與情感凍結：戰鬥意志的終止機制

戰場中的習得性無助會具體表現在「行動癱瘓」（behavioral paralysis）與「情感凍結」（affective freezing）兩個層面。前者指的是士兵雖然仍在現場，卻無法做出有效反應，例如被敵火壓制時呆立不動、無法回應命令；後者則指對夥伴死亡或重傷毫無反應，對周遭環境失去關注與情緒牽動。

這類狀態往往會被誤認為冷酷或叛變，實則是心理防衛系統長期過載的結果。在極端案例中，部分士兵甚至會選擇向敵人投降或刻意犯錯以脫離前線，其根本原因不是怯戰，而是心理運作已遭到關閉。

第三節 戰場創傷與「習得性無助」：為何軍人不再戰鬥

戰後延續：習得性無助的長期陰影

即便戰爭結束，這些經歷習得性無助的軍人仍難以恢復正常心理功能。他們可能會在日常生活中出現「過度服從」、「極度退縮」、「缺乏目標」等行為表現，並容易陷入憂鬱、自我指責與社會隔離狀態。

根據《心靈的傷，身體會記住》(*The Body Keeps the Score*) 一書，創傷不只是心理記憶，更會存留於身體神經系統中，使人即使脫離戰場，仍持續受到生理反應支配，進而加深無助感與無效感。

從行動停滯讀懂戰場的心理警訊

習得性無助是士兵不再戰鬥的核心心理根源之一。正如克勞塞維茲（Carl von Clausewitz）在《戰爭論》中指出：「勇氣若無信念為根，即使存在也會凋零。」一旦信念瓦解，行動就會枯竭。

現代戰爭指揮官與心理作戰單位，必須高度警覺行動遲滯與情緒冷卻等非語言訊號，這些可能是部隊心理瓦解的前兆。因為在一個已習得性無助的部隊中，戰爭尚未開始，失敗已然降臨。

第五章　情緒崩潰的臨界點：什麼讓士兵逃跑？

第四節
士兵支持系統與心理恢復策略

【戰爭啟示錄】不是每一場戰爭都能避免，但每一顆受傷的心，都值得被修補。

為何需要支持系統：
軍人不是機器，而是有情感的人

軍人之所以崩潰，往往不是因為敵人太強，而是因為「自己無處可靠」。心理學家卡爾・羅傑斯（Carl Rogers）指出：「人類所有痛苦的根源，在於感覺自己被孤立。」戰場上的士兵雖受訓精良，卻依然需要來自同袍、軍官與外部社會的心理支持，來對抗恐懼、絕望與孤立。

軍隊中的支持系統，不只是後勤補給與醫療設施，更包括溝通管道、情緒抒發空間與領導者的情感關懷。這些結構若能設計得當，就能有效延緩或阻止士氣崩潰與心理潰堤。

第四節　士兵支持系統與心理恢復策略

同儕支持的力量：夥伴是最重要的心理堡壘

　　社會心理學研究顯示，與其接受陌生專業人員的安撫，士兵更容易從「同樣經歷戰鬥的人」身上獲得安全感。這是因為「情緒共鳴」能降低焦慮感，提升歸屬感與正當性認同。

　　以色列軍隊長期強調戰場中的「小組凝聚力訓練」（unit cohesion training），讓每個班組成員彼此熟悉並建立深厚情誼。研究發現，這種關係強度可以有效減少戰場心理崩潰的機率，並提升在壓力下的反應彈性與應變力。

領導者角色轉變：從指令者到心理穩定器

　　在高壓情境中，領導者的每一句話、每一個眼神都會被放大。有效領導不僅是戰術安排，更是情緒調節。心理學家丹尼爾‧高曼（Daniel Goleman）指出，高情緒智商（EQ）的領導者能夠創造「心理安全氣氛」，使部隊在恐懼中仍能保持穩定。

　　這包括在危急時刻主動與士兵對話、公開承認風險與困難、但不渲染恐慌，並給予明確方向與具體行動目標。領導者若能持續展現人性關懷與一致性，將成為部隊的情緒定錨點，顯著降低崩潰風險。

第五章　情緒崩潰的臨界點：什麼讓士兵逃跑？

恢復策略的多層架構：從心理急救到長期重建

有效的心理恢復策略分為三個階段：

1. 即時心理急救（Psychological First Aid, PFA）

在事件發生後的「黃金 24 小時」內，提供安全空間、傾聽與生理穩定，避免情緒惡化。

2. 中期干預

安排心理諮商、壓力解放小組與創傷處理技術（如眼動去敏治療 EMDR），處理持續性的焦慮與惡夢。

3. 長期重建

透過家庭介入、工作重建、社區支持與宗教信仰，協助退伍軍人重建生活結構與人生意義。

這些層層疊進的機制，是避免戰後「第二次崩潰」的關鍵，亦為防止 PTSD 慢性化所不可或缺。

預防崩潰的關鍵，不在戰場，而在人心周圍

戰爭最深的破壞，往往不是外在毀壞，而是內在瓦解。正如克勞塞維茲（Carl von Clausewitz）在《戰爭論》中提到：「戰爭雖以暴力為器，卻終以意志為本。」

第四節　士兵支持系統與心理恢復策略

　　而意志的持續，來自於支持系統的穩固。當軍隊真正學會照顧士兵的心理傷口，就等於建立起一道比裝甲更堅固的戰鬥防線。

第五章　情緒崩潰的臨界點：什麼讓士兵逃跑？

第五節
心理潰堤的瞬間：法國大革命軍、納粹最後防線與俄軍戰鬥士氣比較

【戰爭啟示錄】當部隊潰散的那一刻，不是敵軍已至，而是內心已退。

案例比較的戰略意義：
從三場士氣潰散中找出共通心理機制

　　心理潰堤是軍隊崩潰的前兆，其成因不僅存在於指揮錯誤或補給失衡，更常常發生在「信念瓦解」與「集體失望」的瞬間。本節選擇三場歷史戰役作比較：1793 年法國大革命軍在旺代戰役中的瓦解、1945 年納粹德軍在柏林保衛戰的末日崩潰，以及 2022 年俄羅斯部隊在哈爾科夫反攻中遭遇的前線潰敗，旨在透過心理層面探討部隊戰鬥意志斷裂的臨界點。

第五節　心理潰堤的瞬間：法國大革命軍、納粹最後防線與俄軍戰鬥士氣比較

法國大革命軍：
理念分裂與社群對抗的潰散模型

1793 年法國大革命進入高壓恐怖統治時期，面對旺代保王黨起義，政府軍原本擁有武力與資源優勢，卻在數次戰鬥中潰敗。根本原因在於「革命正當性分裂」，士兵一方面被命令鎮壓平民，另一方面卻與當地居民有地緣或血緣關係。

心理學家泰菲爾（Henri Tajfel）的社會認同理論指出，當士兵內部出現「角色衝突」，即身分認同與命令內容不一致時，會導致行動遲滯甚至反叛。在旺代，許多士兵「靜默抗命」、故意拖延行軍，或在接敵前臨陣脫逃，顯示士氣非因軍紀鬆弛，而是認同系統斷裂所致。

納粹最後防線：
末日感知與虛構敘事的崩解效應

1945 年春季，蘇聯紅軍步步逼近柏林，納粹德軍儘管仍有部分裝甲師與防禦工事，卻在短短數周內全面潰敗。希特勒在地堡中發布的命令不再具備現實意義，士兵普遍對「元首的勝利願景」失去信心。

根據心理學家費斯汀格（Leon Festinger）的認知失調理論，一旦預期的勝利敘事與現實完全脫節，士兵會進入「敘

第五章　情緒崩潰的臨界點：什麼讓士兵逃跑？

事斷裂」狀態，無法再從信仰中汲取戰鬥動力。納粹宣傳中的「末日英雄主義」在事實面前淪為空洞修辭，使大量士兵轉向自殺、自殘或投降，甚至於戰場上直接棄械遁逃。

俄軍於哈爾科夫：
科技戰壓力與失控資訊環境的心理衝擊

2022 年 9 月，烏克蘭軍隊於哈爾科夫展開快速反攻，突破俄軍防線並奪回大批領土。根據美國與歐洲情報單位研判，此次潰敗非因兵力懸殊，而在於「戰場認知崩潰」——俄軍基層部隊長期缺乏明確目標、後勤混亂，且無法得知戰況全貌。

在社群媒體與即時通訊高度普及的環境下，俄軍士兵接收到的資訊與官方宣稱高度矛盾，導致其進入「資訊懸崖」（information cliff）狀態，即對情勢一無所知但充滿恐懼。法律學家凱斯・桑斯坦（Cass Sunstein）指出，當資訊失控導致情緒共振時，士兵將不再信任指揮體系，並以集體逃逸行動來回應「未知恐懼」。這正是哈爾科夫反攻中，俄軍前線瞬間瓦解的心理邏輯。

第五節　心理潰堤的瞬間：法國大革命軍、納粹最後防線與俄軍戰鬥士氣比較

潰散是一種心理傳染，不是戰術錯誤

　　三場戰爭、三種背景，卻有著相似的心理崩潰機制：理念分裂、信仰幻滅與資訊恐慌。正如克勞塞維茲（Carl von Clausewitz）在《戰爭論》中所說：「軍隊不是由命令構成，而是由信念維繫。」

　　在未來戰爭中，若忽視士兵心靈的穩固與敘事系統的整合，即便再高科技的裝備與再嚴密的軍紀，也可能在一瞬間化為沙堡，隨風潰散。心理潰堤，不是輸在槍口，而是死於心底。

第五章　情緒崩潰的臨界點：什麼讓士兵逃跑？

第六章
資訊就是子彈：
假新聞、輿論操作與心理防線

第六章　資訊就是子彈：假新聞、輿論操作與心理防線

第一節
假訊息比飛彈更快攻入你大腦

【戰爭啟示錄】戰場可以防空，內心卻可能早已被滲透。

認知領域已成戰場新高地

在 21 世紀的軍事衝突中，「認知空間」（cognitive domain）已被列為與陸、海、空、網同等重要的第五戰域。美國國防部明確指出：「現代戰爭的核心，在於誰先影響敵人的信念與決策。」而假訊息（disinformation）便是這場認知戰中的主要武器。

與實體武器不同，假訊息的目標不是殺傷身體，而是穿透心智。它以極快的速度與低成本，進入大眾的思考系統，干擾事實判斷與群體情緒，進而瓦解組織、操控群眾、扭曲輿論、癱瘓意志。正如心理學家丹尼爾‧康納曼（Daniel Kahneman）在《快思慢想》中所指出：「大腦對重複與敘事比對事實更容易相信。」

假訊息的三大心理破壞機制

1. 可得性捷思（Availability Heuristic）

大眾往往傾向相信最容易接觸到的資訊。假訊息若能迅速散播，即便荒謬，也比真實但緩慢的資訊更具說服力。

2. 重複效應（Illusory Truth Effect）

心理學研究顯示，當同一訊息被重複三次以上，即使最初懷疑，最終也會被視為「應該是真的」。這讓假訊息能透過社群循環強化印象。

3. 情緒感染（Affective Priming）

假訊息經常搭載強烈情緒詞彙與圖像，誘發恐懼、憤怒與同仇敵愾，降低思考門檻，使人以感受替代分析。

這三者交織，形成一種「心理病毒」，可在短時間內感染整個群體的認知系統，使其即使面對反駁，也因先入為主與情緒綁架而難以修正。

第六章　資訊就是子彈：假新聞、輿論操作與心理防線

假訊息的戰術目標與實際成果

從戰略角度看，假訊息可達成四項戰術效果：

- ◆ 削弱敵軍士氣：散布高層逃亡、後勤崩潰等假訊息，製造軍中恐慌與信任危機。
- ◆ 混淆指揮系統：製造虛假軍令或戰況報告，擾亂決策判斷。
- ◆ 挑撥內部分裂：製造軍民衝突或族群對立，使敵方無法形成統一立場。
- ◆ 瓦解國際支持：誤導外界認為其行動為侵略或非法，削弱外交資源。

在 2014 年克里米亞危機中，俄羅斯即利用假新聞、未配戴徽章的士兵（小綠人）與混淆報導創造「模糊戰爭」效果，使外界難以即時反應。

假訊息的潛伏與再生能力

假訊息並非一次性打擊，而是具有「再生能力」。心理學家伊莉莎白・洛夫圖斯（Elizabeth Loftus）在其記憶研究中發現，一旦個體將錯誤資訊納入記憶，即使後來知曉錯誤，也不容易從中剝離。

此外,假訊息在被澄清後,常會轉化為「陰謀理論」或「被掩蓋的真相」形式再度浮現,並因更難驗證而更具煽動性。這使得心理防線一旦被破,後續就可能陷入「信任癱瘓」與「訊息虛無」狀態,無論真實與否,個體都選擇不再相信。

抵禦假訊息的首要戰場在心中

克勞塞維茲(Carl von Clausewitz)在《戰爭論》中提到:「情報錯誤不在於它不真實,而在於它被相信。」這句話揭示了現代資訊戰的本質:真實與否已非重點,關鍵是「誰能讓誰相信什麼」。

當假訊息成為穿透意志與癱瘓組織的主力武器,現代國防便不再只靠防空與反坦克,更須建構全民心理免疫力與資訊識別能力。因為在這場無聲的戰爭中,你的選擇不只是要不要相信,而是你能否在真假之間,維持清明之心。

第六章　資訊就是子彈：假新聞、輿論操作與心理防線

> 第二節
> 操控新聞焦點與話語權的戰術運用

【戰爭啟示錄】如果你能定義問題，那你就已經贏了一半的戰爭。

話語權即戰略資產：定義現實就是建立優勢

「誰控制語言，誰就控制思想」這句源自喬治・奧威爾《一九八四》的名言，在戰爭語境中被具體化為「話語權戰爭」。現代軍事作戰已經不限於槍林彈雨，更進一步是爭奪「問題的定義權」與「觀點的主導權」。從俄烏戰爭、以哈衝突到南海局勢，所有戰爭都先在媒體與政治語境中展開。

心理學家喬治・萊考夫（George Lakoff）指出，「框架」（framing）是一切認知的基礎，人們不是根據事實，而是根據「被如何說明的事實」做出反應。因此，若能率先定義「這是自衛」還是「侵略」、「這是反恐」還是「種族清洗」，就已經在國際輿論上占得先機。

第二節　操控新聞焦點與話語權的戰術運用

新聞聚光燈效應：操縱焦點比掩蓋事實更重要

傳統媒體學中有個概念叫「聚光燈效應」（spotlight effect），意指媒體會集中報導某些事件，進而放大其重要性。對軍事行動而言，這等於是「策略性曝光」──讓某些事件成為世界關注的焦點，其他則刻意邊緣化或模糊處理。

例如在2021年塔利班重奪阿富汗後，某些媒體大量聚焦喀布爾機場混亂場面，忽略地方政權運作，塑造出「完全崩潰」的敘事，進而形塑美國撤軍的羞辱感與責任歸屬。這種媒體焦點戰術不僅影響國內政治評價，也重塑國際盟友間的信任與風險認知。

戰術話術設計：每一個詞都可能是武器

操控新聞話語的關鍵，在於用字遣詞。根據語言心理學研究，字詞的情感值（valence）與模糊度（ambiguity）會直接影響受眾的判斷。將「平民死傷」說成「附帶損害」、將「撤退」說成「戰術轉移」、將「武裝民兵」說成「人民志願隊」，皆是典型例子。

這些修辭戰術源於認知戰原則：在傳遞事實之前，先傳遞詮釋。當語言成為戰術工具，新聞即是情報武器，每一篇

第六章　資訊就是子彈：假新聞、輿論操作與心理防線

報導都可改變前線士兵的士氣、民眾的支持程度與國際社會的立場傾斜。

話語權的軍事部署：
政府、媒體與民間的三角同盟

成功的新聞操作往往不是單一單位完成，而是由政府戰略單位、友善媒體與社群領袖協力推動。這種三角架構可從美國伊拉克戰爭、俄羅斯對內控制媒體，到烏克蘭戰時媒體開放策略中看出明顯特徵。

例如：烏克蘭於2022年戰爭爆發初期不封鎖媒體，反而鼓勵國際記者入境，藉由「透明戰術」塑造受害者與正義方的敘事框架，進而有效爭取歐洲與北約輿論支持。

話語權不是修辭問題，而是戰場戰果

克勞塞維茲（Carl von Clausewitz）在《戰爭論》中雖未使用「話語權」一詞，但其論點「戰爭即政治的延伸」已預示了語言的戰略地位。控制新聞焦點與話語權，不只是輿論競賽，而是實質戰果的先兆。

第二節　操控新聞焦點與話語權的戰術運用

未來戰爭中，誰能在第一時間說出「這是怎麼一回事」，誰就能決定世人怎麼記得這場戰爭。而歷史，是由贏得話語戰的人寫下的。

第六章　資訊就是子彈：假新聞、輿論操作與心理防線

第三節
社群平臺與 AI 生成內容的情緒渲染力

【戰爭啟示錄】演算法不只推薦影片，也能策劃戰爭。

演算法成為心理戰的隱形手套

現代社群平臺的核心運作邏輯是演算法，這些數學模型原本設計為提升使用者參與度，但在戰爭背景下卻演變成強力的心理操控工具。根據麻省理工學院（MIT）2020 年的研究，情緒性內容比中性內容在社群上傳播速度快六倍，這使得戰爭相關的憤怒、恐懼、仇恨影片或訊息，更容易被演算法放大並廣為傳播。

這種「演算法武器化」現象，使得社群平臺不再是單純的通訊工具，而是認知與情緒操控的前線。尤其在資訊量爆炸的當代，誰能讓情緒先出現，誰就能搶先植入觀點與框架。

短影音的情緒穿透力：TikTok 戰場的誕生

TikTok 等短影音平臺的出現，徹底改變了戰爭資訊的消費方式。根據《華盛頓郵報》報導，在 2022 年俄烏戰爭爆發

第三節　社群平臺與 AI 生成內容的情緒渲染力

後，TikTok 成為許多年輕世代了解戰況的主要來源。這些影片往往不到 30 秒，卻能透過震撼畫面、背景音樂與簡化敘事，迅速喚起觀者的情緒反應。

烏克蘭軍方與民間使用者大量使用這些平臺，發布前線日常、受害畫面與士兵英勇事蹟，塑造出一個既真實又情緒動員強烈的「戰時敘事宇宙」。這不僅贏得國際輿論，也成功將「戰爭內容」社交化，讓每個使用者都可能成為訊息擴散節點。

AI 生成內容的真假模糊地帶

人工智慧的崛起帶來一項新挑戰：真假訊息難以區辨。透過 AI 生成的 Deepfake 影片、虛構新聞報導與偽造社交帳號，戰爭資訊戰的攻防層級全面升高。根據《自然》(*Nature*) 期刊報導，即便是專業記者也常難以一眼分辨 AI 合成與真實影片。

這使得「視覺即真相」的信任機制被動搖，形成所謂「事實虛無主義」(epistemic nihilism)：當人們無法判斷真假時，最終選擇不再相信任何資訊，陷入被動與冷漠，這正是認知戰最危險的結果。

第六章　資訊就是子彈：假新聞、輿論操作與心理防線

情緒渲染的戰術節奏：從病毒傳播到集體認同

社群平臺不僅加速資訊擴散，更改變了情緒的擴散方式。心理學家喬納森‧海特（Jonathan Haidt）指出，情緒是透過模仿與重複在群體中傳染的，而社群平臺則成為這種「情緒病毒」的催化器。

當憤怒、哀傷、仇恨透過 AI 與演算法被包裝、剪輯並強化後，使用者將不再是觀眾，而是被動接受情緒命令的群體成員。這種「集體情緒同步」機制，進一步穩固特定立場、削弱異議能力，使戰爭敘事成為「無法討論，只能認同」的單向動員。

當演算法主導戰爭，你的感受將不再是你的

克勞塞維茲在《戰爭論》中提到：「戰爭是一種情緒與理性的極端對抗。」而今日，情緒的控制不再靠鼓動演說，而是由背後的程式碼、影像與 AI 模型精密設計。

未來的資訊戰將不只是新聞或演講的競技場，而是演算法、情緒曲線與平臺運算之爭。若我們無法意識到自己的憤怒與恐懼來自哪裡，那麼，我們早已成為戰場上最無防備的士兵。

第四節
媒體心理學與恐慌管理戰略

媒體恐慌的心理學結構

在戰爭與危機期間,媒體訊息如同神經網路般接管了大眾的情緒中樞。心理學家貝瑞・格拉斯納(Barry Glassner)在《恐懼文化》(*The Culture of Fear*)中指出,現代社會的恐慌往往來自「媒體誇大失衡」而非事件本身。換言之,恐慌不只是資訊量的問題,更是「焦點選擇」與「語境詮釋」的結果。

當媒體選擇不斷重播某一災難影像、加上推測性評論與未經查證的引用,觀眾的大腦會進入高警覺與慢性焦慮狀態。這種「災難循環敘事」是構成媒體驅動型恐慌的關鍵基礎。

認知過載與訊息疲勞的潛在破壞力

在媒體轟炸下,群體會因資訊過多而出現選擇性無視、誤判風險或將錯誤訊息視為真相的傾向。心理學家史丹利・米爾格蘭(Stanley Milgram)稱此現象為「資訊超載」(information overload)。

第六章　資訊就是子彈：假新聞、輿論操作與心理防線

戰爭中常見此現象於初期警報高漲，民眾全面緊張，隨後因持續刺激未轉為行動，最終轉為無感或冷漠。這種情緒起伏與最後的「無動於衷」，是恐慌管理最棘手的挑戰之一。

心理韌性與媒體回應的設計要素

有效的恐慌管理不是封鎖資訊，而是引導其被正確吸收與回應。這須結合三個層次：

- ◆ 訊息可信度：來源必須具有公信力與專業性。
- ◆ 語言節奏與用字管理：使用中性語言，避免災難式詞彙如「末日」、「失控」、「全面潰敗」等。
- ◆ 行動導向資訊：除了描述危機，提供可執行方案能有效降低無力感。

美國疾病管制與預防中心（CDC）在處理疫情資訊時採用此模式：簡明回應、固定發言人、強化行動建議，成功提升群體安全感。

媒體平臺的戰略角色與責任辯證

在戰爭中，媒體不只是傳播者，更是認知戰的參戰者。當國家面對假訊息與心理攻擊，媒體角色的兩難亦隨之浮

第四節　媒體心理學與恐慌管理戰略

現 ── 究竟是保持中立，還是承擔穩定民心的任務？

烏克蘭政府在 2022 年戰爭初期，與媒體合作成立「資訊防衛小組」，每日由總統發表簡報，並設立事實查核中心，鼓勵群眾檢舉假訊息。這是一種主動式心理韌性建構戰略。

媒體不是敵人，但不能失控

克勞塞維茲（Carl von Clausewitz）在《戰爭論》中強調：「戰爭中最危險的不是敵人，而是自己對情勢的錯判。」若媒體未能扮演訊息引導者，便可能成為製造恐慌的放大器。

在資訊如洪流般湧現的戰爭時代，國家與媒體的合作，應以「共建心理防線」為首要戰略目標。唯有如此，社會才能在焦慮中維持冷靜，在動盪中看清真相。

第六章　資訊就是子彈：假新聞、輿論操作與心理防線

第五節　資訊如何變成武器：社群平臺與輿論動員的戰術應用

【戰爭啟示錄】當你的戰爭成為別人的內容，勝負就不再只靠火力。

敘利亞內戰的資訊反攻起點：
白頭盔與影像戰術

在敘利亞內戰中，「白頭盔」（White Helmets）組織透過即時拍攝空襲後救援行動的影片，在國際社群平臺上廣泛流傳，迅速贏得人道援助與政治聲量。他們所釋出的影像極具震撼力與真實性，讓戰場資訊不再僅由國家媒體掌握，而是由在地參與者直接形塑國際觀感。

這些影片在 YouTube、Twitter 與 Instagram 上迅速散播，被 BBC 與 CNN 等主流媒體引用，進一步放大敘事影響力。這種結合影像、情緒與敘事的操作，不僅改變了外界對內戰的理解，也實質影響國際政治決策，包括美國國會對敘利亞軍援的討論與歐盟制裁策略的強化。

第五節　資訊如何變成武器：社群平臺與輿論動員的戰術應用

亞美尼亞與亞塞拜然：
納卡戰爭中的社群情緒動員

2020 年納戈爾諾－卡拉巴赫衝突期間，亞美尼亞與亞塞拜然雙方不再仰賴國營媒體，而是大量動員 TikTok 與 Telegram 等平臺傳播前線影片。亞塞拜然更透過無人機拍攝的攻擊影片，加上配樂與國旗濾鏡，引發群眾大量轉發與民族主義情緒沸騰。

這些「短影音戰術」不只激起國內支持，更透過英語字幕與國際話題標籤，強化對外宣傳效應。西方多家媒體引用這些影片作為戰況視覺素材，間接成為資訊戰的一環，展現小國也能在敘事層級發動全球影響力。

蘇丹武裝衝突：民間媒體化與跨境援助連動

2023 年蘇丹爆發武裝衝突，缺乏正式軍方記者與國際通訊社報導的情況下，大量資訊由民間手機拍攝並透過社群平臺即時分享。特別是蘇丹青年與難民組織，善用 TikTok 與 Twitter 呼籲國際關注，並成功連結非洲與歐洲公民社會進行物資與資金支援。

在蘇丹衝突期間，#SudanResistance 和 #EyesOnKhartoum 等標籤在 X（前 Twitter）上被廣泛使用，成為傳遞資訊、協

第六章　資訊就是子彈：假新聞、輿論操作與心理防線

調醫療與避難資源的重要橋梁。社群網路上的志願者與民間組織，透過這些標籤串聯，將內容從單純的情緒動員延伸至物資調度、避難指引與即時醫療援助，展現社交媒體在戰爭危機中實現去中心化救援行動的潛力。

內容變現的政治效果：社群就是外交平臺

上述三個案例共同顯示：戰場的資訊已進入「敘事轉換機制」——一段影片不只是戰況說明，而是策略信號；一次社群共鳴不只是輿論風潮，而是軍事與外交結果的驅動因子。

當一個 TikTok 影片能讓捐款平臺癱瘓、Twitter 上的一則推文能引起國會質詢，資訊即已變成外交資產。現代戰爭的參與者不再只有士兵與將軍，而是包含每個會拍攝、編輯與發布內容的使用者。

手機成為武器，內容即是作戰單元

克勞塞維茲在《戰爭論》中說：「戰爭是意志的競賽。」而今，意志的展現不再只是士兵的吶喊，更是點讚、轉發與標記。社群平臺的演算法與人性心理相互交織，形成 21 世紀最複雜的資訊武器。

第五節　資訊如何變成武器：社群平臺與輿論動員的戰術應用

敘利亞、納卡與蘇丹的例子證明，弱勢者只要掌握敘事主權，便有機會翻轉不對稱戰局。當手機變成作戰單元，內容的設計與釋出策略，將決定國際介入的速度與深度，也決定了輸贏。

第六章　資訊就是子彈：假新聞、輿論操作與心理防線

第七章
群體的瘋狂：
當民族情緒被全面調動

第七章　群體的瘋狂：當民族情緒被全面調動

第一節　民族主義的心理槓桿：敵我分界的創造機制

【戰爭啟示錄】一旦群體被定義了敵人，理性就退出了戰場。

敵我二元的心理建構機制

民族主義的戰爭動員力，源自於一種強烈的心理分界——將「我們」與「他們」切割為絕對的對立面。這種分類來自社會心理學中的「內群體偏好」(in-group favoritism)與「外群體貶抑」(out-group derogation)。

根據社會心理學家亨利·泰菲爾(Henri Tajfel)的社會認同理論，人們傾向透過群體歸屬感來建立自我價值。在戰爭情境下，這種認同會被高度強化，而與自己不同的群體，則被標籤為「威脅」。

語言與符號如何劃出界線

敵我分界不只是心理感受，它會透過語言、符號、地理與歷史記憶來具體化。例如稱呼對方為「入侵者」、「非人」、

第一節　民族主義的心理槓桿：敵我分界的創造機制

「邪惡帝國」，這種語言的選擇不是隨機，而是戰略性地創造「不可共存」的感覺。

在 1990 年代盧安達種族滅絕中，胡圖族媒體以「蟑螂」稱呼圖西族，這種去人化語言有效移除倫理障礙，使暴力合理化。同樣的策略，也曾出現在南斯拉夫內戰與緬甸若開邦衝突之中。

歷史創傷與榮耀敘事的雙重動員

民族主義動員通常同時操作創傷與榮耀兩條路線。一方面強調歷史上的受害經驗，建立「報仇雪恨」的心理傾向；另一方面則透過過往輝煌的勝利經驗喚起「再創榮光」的榮譽感。

例如在喬俄戰爭中，喬治亞與俄羅斯雙方都引用過去的戰爭記憶強化各自立場。這些記憶在集體潛意識中發酵，轉化為動員資本，催化戰爭進程。

國家論述如何包裝敵意

民族主義不是自然生成，而是被建構的。政治菁英透過教育、媒體與象徵儀式（如閱兵、國歌、烈士紀念）持續建構一套排他性敘事，使人民將國族命運與個人情感綁定。

第七章　群體的瘋狂：當民族情緒被全面調動

政治心理學家瑪莎・克倫肖（Martha Crenshaw）指出，這種敘事型動員的最大特徵是將複雜衝突簡化為「善與惡的鬥爭」，以此鞏固統治正當性，並降低民眾質疑空間。

心理疆界一旦畫下，肉體衝突只是時間問題

克勞塞維茲（Carl von Clausewitz）認為：「戰爭是由情感與判斷共同決定的行動。」當民族主義將群體劃分為不可並存的兩端，戰爭不再只是國家政策的延伸，而是心理疆界的具體化。

敵我分界的創造，使民族主義成為最強大的戰爭正當化機制之一。唯有理解這種心理槓桿的運作，才能在未來預防同樣的瘋狂再次發生。

第二節
群體一致性壓力與從眾戰爭心理

【戰爭啟示錄】當所有人都贊成開戰時，沉默才是最危險的反對聲音。

從眾心理與一致性壓力的戰爭爆發機制

群體心理學指出，當個體處於高度一致性的社會環境中，會因「從眾壓力」而抑制質疑與獨立思考。社會心理學家所羅門・阿希（Solomon Asch）的從眾實驗顯示，即使知道他人錯誤，個體為了避免脫隊，也可能做出違背判斷的決策。

在戰爭情境中，這種心理壓力轉化為「民族動員共識」。個人若反對戰爭，會被視為背叛國族、助紂為虐，因而產生沉默或附和的行為模式。久而久之，即使戰爭決策本身存在問題，也無人敢公開挑戰，形成集體自我催眠。

資訊泡泡與迴聲室效應的戰爭放大

現代資訊環境加劇了這種一致性壓力。演算法推薦機制與社群分眾，使個體只接收到與自身立場相符的訊息，逐步

第七章　群體的瘋狂：當民族情緒被全面調動

陷入「迴聲室效應」（echo chamber）。在這種環境下，戰爭觀點被強化，異議被排除。

以 2015 年葉門內戰為例，沙烏地阿拉伯透過國內媒體與社群平臺一致報導「反恐正義戰爭」，形成全民一致的支持氛圍，即使後續戰況惡化與人道災難浮現，也難以逆轉主流民意。

服從權威與群體規範的心理成本

史丹利・米爾格蘭（Stanley Milgram）服從實驗證明，個體在面對權威命令時，即使明知其非正義，也會選擇執行。戰爭狀態下，軍事領導、媒體與政治權力結合，形成極強的心理支配力。

這使得「服從」不再只是軍紀，更是一種社會責任感的展現，讓人民在群體壓力與道德認知間產生扭曲。當反對者被標籤為「叛國」、「軟弱」或「理盲」，沉默便成為唯一的選項。

戰爭狂熱的社會感染模型

群體一致性不僅限於意見，更會情緒傳染。心理學家古斯塔夫・勒龐（Gustave Le Bon）指出，在群體中，個體會失去理性，情緒會如病毒般擴散。這在戰爭初期尤為明顯。

第二節　群體一致性壓力與從眾戰爭心理

以 1982 年英阿福克蘭戰爭為例，阿根廷軍政府透過集會與宣傳創造「收復失土」的民族情緒，短時間內即使軍力懸殊，仍獲得全民支持。直到戰敗後，社會才重新檢討群體陷入戰爭的心理動能。

從眾不是忠誠，而是沉默的集體自焚

克勞塞維茲在《戰爭論》中指出：「最危險的不是敵軍，而是錯誤的群體自信。」從眾心理使得原本理性社會轉變為戰爭催化機器，壓制反思、放大極端，讓理智的聲音在鼓譟聲中消失。

要破解這種心理陷阱，需建立質疑制度與多元資訊流通環境。否則，從眾的群體會在掌聲中走向戰場，也在沉默中迎來毀滅。

第七章　群體的瘋狂：當民族情緒被全面調動

第三節　仇恨記憶的代際傳遞與戰爭合法化

【戰爭啟示錄】記憶若未經療癒，便會成為未來的子彈。

創傷記憶如何成為集體認同的核心

戰爭的情緒動員，往往不是從當下開始，而是從歷史中延續。心理學家艾瑞克・艾瑞克森（Erik Erikson）指出，集體認同的形成依賴共同的經驗與敘事，而戰爭創傷記憶則常被國族敘事納入其中。

創傷不僅止於當代經歷，它透過教育、儀式、紀念碑、影像等方式在群體中重複，構築出「受害者民族」的形象。例如亞美尼亞大屠殺的記憶，在亞美尼亞世代間代際傳遞，成為政治認同與外交立場的依據，亦持續影響其對土耳其的敵意與防衛思維。

敵意記憶的政治功能與正當化作用

國家與政治領導人經常利用未解的歷史仇恨作為戰爭的正當化工具。當戰爭無法以現實利益充分解釋時，訴諸歷史

第三節　仇恨記憶的代際傳遞與戰爭合法化

仇恨是一種有效策略。這些記憶可將軍事行動轉化為「歷史正義的回收」，讓戰爭變得合理且義正詞嚴。

例如 1999 年科索沃戰爭期間，塞爾維亞政府不斷提及 1389 年科索沃戰役，將當代行動包裝成「歷史雪恥」，藉由強化民族創傷敘事來擴大動員基礎。

代際傳遞的心理機制與媒介工具

代際記憶的傳遞並非純靠文字記錄，而是經由家庭故事、影像重現與校園教材深植內化。心理學家丹尼爾‧夏克特（Daniel Schacter）在記憶研究中指出，人類對負面情緒事件的記憶保留較久，且會在重述過程中產生「情緒加乘」，使下一代接收的不只是事實，更是情緒。

以以色列與巴勒斯坦衝突為例，雙方皆透過教材與兒童影像培養敵對感，其中不乏「烈士童話」、「光榮戰死」等敘事，讓孩子在語言學習階段便內建對敵方的仇視與防衛傾向，形成潛移默化的「戰爭情感預設值」。

如何拆除仇恨遺產：德國戰後去納粹化經驗

並非所有國家都選擇延續歷史仇恨。德國於二戰後進行全面的「去納粹化」，不僅法律懲罰戰犯，更透過教育制度改

第七章 群體的瘋狂：當民族情緒被全面調動

革、歷史責任承擔與記憶空間的改造（如柏林大屠殺紀念碑）進行「負面記憶制度化」，避免代際仇恨轉化為再次動員的基礎。

這種做法雖引發部分民眾的「恥辱疲勞」，但長遠來看，有助於建立和平文化與自我反省能力，成為記憶政治的反例與重建典範。

未完成的歷史會成為未來的武器

克勞塞維茲在《戰爭論》中提醒我們：「戰爭從不是孤立事件，而是過往政策與情感的延續。」若歷史創傷未被療癒、仇恨記憶未被釐清，其在群體心中將持續發酵，成為未來戰爭的潛在引信。

唯有正視記憶的政治性，並建立歷史對話與情緒復原機制，才能真正拆除仇恨的心理地雷。否則，代代相傳的不是文化，而是復仇的號角。

第四節
戰爭的神聖化：當戰鬥變成使命

【戰爭啟示錄】當武器被塗上神聖的光芒，理性便成為異端。

神聖化的心理結構與戰爭合法性

當戰爭被賦予宗教或道德上的神聖性，其殺戮便不再僅是暴力行為，而成為「高尚的行為」。社會心理學家喬納森・海特（Jonathan Haidt）指出，道德直覺是人類決策的核心動力，當戰爭被道德化後，反對者即被視為不道德，進而失去發聲空間。

這種情況下，戰爭行為不再接受實用與現實層面的討論，而是被提升為「天命」、「義戰」（正義戰爭）甚至「文明使命」，使群眾更願意參與、犧牲，並對暴力產生寬容甚至崇敬。

宗教敘事如何轉化殺戮為信仰實踐

歷史上多場戰爭透過宗教敘事來進行心理動員。十字軍東征便是一典型範例：教廷以「為神而戰」的信念召喚群眾，

第七章　群體的瘋狂：當民族情緒被全面調動

將屠殺轉化為拯救靈魂的手段。

類似情況也見於現代。2014 年 ISIS 興起之初，便大量運用伊斯蘭教義進行招募與動員。他們發行《達比克》雜誌，以「烏瑪（穆斯林共同體）的最終聖戰」為名號，成功將戰鬥塑造成信仰的延伸，並吸引來自多國的年輕信徒加入。

民族神話與歷史使命的心理訴求

除了宗教外，許多戰爭透過民族神話包裝神聖性。例如北韓持續以「抗美保國」作為民族正統論述，使軍事行動與核武發展成為對祖先遺命的捍衛；印度部分極端民族主義團體則強調「重建婆羅多帝國」的文化大義，推動對鄰國的敵意。

這類訴求讓戰爭超越現世考量，進入象徵與情感領域，使戰鬥不只是手段，更是民族認同的儀式。

神聖化戰爭的風險與心理代價

戰爭一旦神聖化，其結果是群體逐漸失去自我批判能力。反戰者被視為叛徒，戰場暴行被掩蓋或合理化。這不僅降低戰爭犯罪的約束，也使衝突持續升高，因為「神的意志」無法妥協。

第四節　戰爭的神聖化：當戰鬥變成使命

例如伊朗－伊拉克戰爭中，伊朗政權以烈士殉教文化進行全民動員，儘管死傷慘重，仍持續八年不輟，顯示宗教與民族榮光結合後的高動員與高成本戰爭結構。

神聖不等於正義，使命不等於真理

克勞塞維茲在《戰爭論》中曾警告：「一旦戰爭目標從政治轉向信仰，它便無法被理性終結。」當戰爭的目的不再是解決衝突，而是實踐神聖或歷史命運時，和平便失去議價空間。

要破解戰爭神聖化的心理機制，需從教育、媒體與社會對話中逐步鬆動敘事的絕對性。唯有讓人們重新學會懷疑「為誰而戰、為何而戰」，才能讓理性重返戰場，讓和平得以成為可能。

第七章 群體的瘋狂：當民族情緒被全面調動

第五節　從納粹德國到 ISIS：極端戰爭動員的情緒建構工程

【戰爭啟示錄】群眾的恐懼與仇恨，一旦被引導得當，就會變成歷史上最致命的燃料。

極端動員的共同心理基礎：恐懼、榮譽與純化

極端主義政權在發動戰爭時，往往依賴一套高度情緒化的敘事架構，以恐懼與榮譽為兩大軸心。心理學家亞伯拉罕・馬斯洛（Abraham Maslow）指出，當人類感受到生存威脅時，會產生高度的團結與排他傾向，而當這種傾向被政治機構掌控，就成了動員的工具。

無論是納粹德國的「雅利安純化」，或 ISIS 宣稱要「淨化穆斯林世界」，其本質皆為將恐懼投射到外部敵人，將榮譽賦予內部服從者，並以「淨化」作為最終暴力正當化的語言。

納粹的戰爭敘事：從國辱到國命

希特勒於《我的奮鬥》中建構了一套完整的國族心理模型：德國是一個受辱民族，必須透過軍事重建找回榮光。他

第五節　從納粹德國到 ISIS：極端戰爭動員的情緒建構工程

不僅訴諸歷史上的凡爾賽條約屈辱，更運用視覺符號、群眾集會與電影塑造「神聖任務」的氛圍。

戈培爾（Joseph Goebbels）打造的宣傳機器，使戰爭不再是工具，而是「德意志精神」的延續。這種敘事徹底取消質疑空間，讓所有反戰聲音成為「背叛民族」的罪證。

ISIS 的情緒控制與宗教包裝

與納粹不同，ISIS 在 21 世紀操作的是全球化社群戰場。他們發布高畫質戰鬥影片與斬首片段，利用極端殘忍激發情緒，再透過《達比克》、《羅馬》（*Rumiyah*）等電子刊物，建構一個充滿英雄主義與犧牲美學的「神權烏托邦」。

他們針對邊緣青年與虛無主義者設計敘事模型：「你被世界遺忘，但在這裡，你是聖戰者。」這種心理補償機制，讓數千來自歐美的青年放棄舒適生活，走入戰場，只因渴望認同與意義。

情緒建構的視覺與儀式武器化

極端戰爭動員的另一關鍵在於視覺語言與儀式操作。納粹的鷹徽、軍旗、火炬遊行與古典音樂結合，營造榮耀與威

第七章　群體的瘋狂：當民族情緒被全面調動

權感；ISIS則善用新媒體剪輯技巧，將戰鬥畫面與聖訓並列，創造出一種史詩感與末世召喚。

這些情緒場域不只是象徵，它們直接影響人類大腦的邊緣系統，使理性與倫理機制逐步弱化。正如心理學家保羅·艾克曼（Paul Ekman）所示，情緒可以在毫秒間誘發行為，遠快於邏輯推理。

極端敘事的解構，需要更強的情緒對策

克勞塞維茲在《戰爭論》中提醒：「戰爭是情感與權力的合謀產物。」極端主義正是情感的極端操縱者，他們以悲憤為燃料，以使命為包裝，使戰爭成為信仰。

要打贏這場心理戰，不能只靠邏輯與法律，而要設計出足以對抗其吸引力的情緒敘事，提供人們「值得活下去」的信仰與目標。唯有如此，才能從根本上瓦解極端動員的心理土壤。

第八章
壓力之下的指揮決策：
錯誤從何而來？

第八章　壓力之下的指揮決策：錯誤從何而來？

第一節
決策疲勞與戰場資訊超載

【戰爭啟示錄】有時候，錯不是因為判斷失誤，而是因為大腦早已崩潰。

決策疲勞的生理與心理根源

戰爭中的決策者長時間處於高壓、高風險與高資訊密度的環境，這種狀態極易導致「決策疲勞」（decision fatigue）。心理學家羅伊·鮑邁斯特（Roy Baumeister）指出，人的意志力如同肌肉，使用越多，疲勞越快。當指揮官經歷過多輪戰略推演與壓力應對後，其心理資源便會枯竭，導致思考品質下降。

疲勞的影響並非僅限於主觀感受，它會改變大腦前額葉皮質的運作，使人傾向於使用既有思維捷徑（heuristics）做出「快速但粗糙」的判斷，進而錯過細節、忽略風險、無法綜合全局，甚至產生錯誤的戰略選擇。

第一節　決策疲勞與戰場資訊超載

資訊過載與認知封閉的悖論

現代戰場的指揮官同時面對大量來自前線、情報單位、盟軍與民間機構的訊息，這種「資訊洪流」不僅無助於決策，反而容易造成「認知麻痺」（cognitive paralysis）。

心理學家司馬賀（Herbert Simon）指出，當資訊超過大腦處理容量時，決策者往往會選擇性忽略部分資料或固守單一解釋模式。這使得即便掌握龐大資訊，也可能因無法整合而產生錯誤判斷。

篩選失能與注意力經濟下的戰場盲點

戰爭中的指揮官需要在極短時間內做出攸關生死的選擇，但當資訊來源過多，其注意力極易被「突出訊息」所吸引。這導致「不重要但劇烈」的事件（如爆炸影片、媒體煽動報導）常勝過「重要但隱性」的趨勢（如物資減損、士氣疲弱）。

這種偏誤效應使決策者專注於「可見風險」，而忽略真正致命的「潛藏風險」。正如心理學家丹尼爾·康納曼（Daniel Kahneman）在其系統一與系統二理論中指出：快速反應雖節省時間，卻常導致過度簡化與錯誤直覺。

第八章　壓力之下的指揮決策：錯誤從何而來？

決策疲勞的組織外溢效應

當高層指揮出現決策疲勞，其影響將向下傳導。前線單位若未獲得及時與一致的指令，將陷入自行解釋命令的混亂狀態，造成戰術混亂與內部不信任感。

以 2003 年伊拉克戰爭開戰初期為例，美軍中央指揮部由於資訊流太多、政策反覆，導致部分前線單位誤判敵情，甚至發生誤擊友軍事件，反映出「策略模糊」與「訊息飽和」所造成的連鎖錯誤。

減少錯誤的第一步，是減少選擇

克勞塞維茲於《戰爭論》中提醒：「在迷霧中決策，是指揮官最大的試煉。」而現代戰場的迷霧，並不只是看不見，而是「看太多」。

解決資訊超載與決策疲勞的關鍵，在於建立優先順序、使用多層次過濾機制，並重視決策者的心理與生理復原力。戰爭勝負，不再只是戰術輸出，更是決策品質的比拼。

第二節
領導者的心理盲點與過度自信偏誤

【戰爭啟示錄】領導者越相信自己無誤，就越可能帶著整個國家墜入深淵。

過度自信的心理根源

心理學研究顯示，掌握權力的人更容易產生過度自信的傾向。社會心理學家大衛‧邁爾斯（David Myers）指出，權力不僅擴大個體的自我效能感，還會壓縮他們對錯誤訊號的敏感度。

戰爭中，這種心理偏誤表現為「誤判敵情」、「高估己方能力」、「低估風險」，並逐步演變成決策獨斷、意見壓制與失衡戰略。

資訊選擇性與認知強化偏誤

領導者為了維護其權威形象，容易傾向接收與自身信念一致的訊息，這就是「確認偏誤」（confirmation bias）。一旦建構出某種戰略信念，如「敵人不敢反擊」或「我們一定迅速取

第八章　壓力之下的指揮決策：錯誤從何而來？

勝」，便會有意無意地過濾掉不利資訊。

這種資訊失衡，使戰爭決策偏離現實，並引發連鎖錯誤。越戰期間，美國高層對北越軍力的誤判即是經典案例。他們堅信空襲將迫使北越屈服，結果卻持續升高戰爭規模與死傷。

威信崩壞的恐懼與虛假信心

領導者在公開場合需展現果斷與信念，然而，內心的不確定與焦慮卻常被掩蓋。這使得「表面自信」成為一種政治與心理壓力下的偽裝。

根據組織心理學者艾美・艾德蒙森（Amy Edmondson）的研究，組織內部若無法提供安全表達錯誤的環境，領導者將難以修正判斷，反而持續在錯誤中「加碼下注」，導致更嚴重的後果。

過度自信下的冒進決策模式

過度自信往往導致領導者選擇高風險、低資訊透明度的策略。在 1999 年第二次車臣戰爭中，俄羅斯總統普丁憑藉高支持率與「打擊恐怖主義」的敘事，大規模出兵格羅茲尼，卻

低估當地叛軍的戰力與城市巷戰的破壞性,造成慘重傷亡與國際形象損失。

這顯示過度自信不僅來自能力錯估,更來自「政治不可退讓」的結構性壓力,使理性調整變得困難。

懷疑自己,是指揮智慧的起點

克勞塞維茲於《戰爭論》中寫道:「指揮的最高藝術,是能在確定與懷疑之間維持警醒。」過度自信不僅危險,更是一種對資訊與組織的關閉。

真正的領導者不是毫無懷疑,而是能在權力高峰時保有謙卑與反思。這種心理韌性,才是面對戰爭複雜性的最佳防線。

第八章　壓力之下的指揮決策：錯誤從何而來？

第三節
團體決策的災難：群體迷思與意見壓制

【戰爭啟示錄】最危險的決策，不是獨裁，而是每個人都假裝同意。

群體迷思的心理結構

「群體迷思」（groupthink）是一種集體決策偏誤現象，指的是當群體成員為維持一致性與和諧，而壓抑異議與批判性思考，最終做出錯誤決策。心理學家歐文・賈尼斯（Irving Janis）指出，群體迷思常發生於高度凝聚力組織，特別是在戰爭指揮與國家安全決策圈中。

在這種情境下，反對意見不被鼓勵、資訊被選擇性過濾、領導者意見變成共識準則，導致原本理性評估機制完全失效。

從越戰到伊拉克：群體迷思的歷史代價

越戰時期的「多米諾理論」與2003年伊拉克戰爭前的「大規模毀滅性武器」疑雲，皆是群體迷思典型案例。在這些決

第三節　團體決策的災難：群體迷思與意見壓制

策中，高層一致相信行動正當性，不願面對外部懷疑與內部異議。

美國前國防部長勞勃・麥納馬拉（Robert McNamara）戰後坦承，當年雖有幕僚提出北越無意擴張南亞的情報，但「沒人願意聽，也沒人敢說出口」，反映群體壓力如何扭曲理性。

意見壓制的社會動力

群體迷思的核心並非無知，而是「壓抑知道」。當權威強勢、團體目標明確、外部壓力升高時，組織內部會自然生成「沉默規範」。質疑被視為不忠，異議被看作製造混亂，導致內部形成虛假的共識。

這種動態不只發生於軍事領域，也常見於國安委員會與外交政策制定小組。若無獨立評估機制或「紅隊」思考單位，錯誤決策將快速放大並難以回頭。

打破一致假象的制度設計

有效防止群體迷思的關鍵，在於制度上創造「安全異議空間」。如設置匿名諮詢通道、推動逆向提案、設立魔鬼的訟辯人（devil's advocate）與分裂小組討論等，皆能讓不同意見獲得充分表達。

第八章　壓力之下的指揮決策：錯誤從何而來？

以以色列的國安決策體系為例，其軍事情報單位與外交安全內閣（Security Cabinet）具有分權設計，能有效避免總理個人判斷直接主導所有軍事行動，某種程度降低群體迷思發生頻率。

領導的勇氣，是允許被質疑

克勞塞維茲在《戰爭論》中指出：「錯誤不是因為無知，而是因為拒絕聽見知識。」戰爭決策的失誤，往往不在資訊不足，而在資訊不被允許存在。

真正的指揮智慧，是在信念堅定中容納懷疑，在一致目標下保有分歧聲音。否則，戰場上最大的炸彈，不是敵人，而是來自會議桌的沉默。

第四節
壓力下的預設模式與自動化錯誤

【戰爭啟示錄】人在壓力下會選擇熟悉的錯誤,而不是不確定的正確。

自動化反應的心理防衛作用

在高壓戰場中,指揮官與士兵經常仰賴訓練中的「預設模式」快速反應。然而,這些模式在時間壓力與資訊不全的條件下,可能成為致命決策的源頭。心理學家丹尼爾‧康納曼(Daniel Kahneman)在其「系統一與系統二」理論中指出,系統一是一種快速、直覺的判斷模式,但也最容易受到情緒與偏見影響。

當壓力激升時,大腦優先啟動系統一處理,以節省資源與保命。但若此時環境變化與訓練經驗不符,這種快速反應便會導致錯誤,例如誤判敵我、低估威脅或過度反應。

第八章　壓力之下的指揮決策：錯誤從何而來？

經驗依賴與過時知識的陷阱

戰爭決策常仰賴「經驗值」，而這正是陷阱的起點。資深指揮官可能依據過往勝利經驗快速做出判斷，但若當前情境已變，這種「經驗套用」就會產生嚴重偏誤。心理學家蓋瑞‧克萊恩（Gary Klein）指出，「辨識－行動模型」在時間受限時雖具效率，但也最易誤用於不對應情境。

例如1983年美國入侵格瑞那達行動中，部分指揮單位使用冷戰時期的情報處理模型，忽視當地實際地形與叛軍聯絡管道，導致空降部隊無法迅速集結並陷入混亂，反映預設策略失準所帶來的戰術災難。

模擬依賴症與情境僵化

現代軍事訓練大量依賴模擬與電腦戰場推演，雖然有效提高反應速度，但也可能讓決策者在實戰中過度仰賴模擬中的情境邏輯，產生「僵化決策」。這種現象在複雜戰場特別明顯，因模擬模型無法預測人類心理與文化反應。

在2006年以色列與真主黨衝突中，以色列國防軍使用數位模擬系統進行策略部署，但實際作戰時因地面部隊對黎巴嫩南部的社區結構與民兵戰術理解不足，導致多次誤判與延誤決策。

第四節　壓力下的預設模式與自動化錯誤

壓力驅動的「錯誤自信」循環

壓力會迫使人們更依賴既有知識，這種行為在心理學上稱為「壓力下的知覺簡化」。但當指揮官頻繁依賴預設模式且獲得短期成效時，會產生「錯誤自信」——即使環境已改變，仍堅持使用既有模式，拒絕調整。

這在戰爭中容易導致策略僵化。例如韓戰初期，美軍在仁川登陸成功後高估了朝鮮人民軍潰散速度，持續使用強攻策略進逼鴨綠江，結果未及時評估中國軍隊參戰風險，造成重大戰略回撤。

靈活比經驗更重要，懷疑比熟悉更安全

克勞塞維茲在《戰爭論》中強調：「戰爭的變數，永遠多於計畫中的考量。」在壓力下，指揮者傾向使用「熟悉」來對抗「未知」，但真正的戰場勝利來自於面對新局勢的靈活與警醒。

要防止自動化錯誤與策略僵化，軍隊需建立動態學習機制、破壞預設演練模式，並設計「非預期情境測試」，讓思考永遠走在預判之前。如此，才能在壓力之下維持真正的戰略彈性與心理韌性。

第八章　壓力之下的指揮決策：錯誤從何而來？

第五節　珍珠港、越戰與車諾比：高壓決策災難連鎖反應

【戰爭啟示錄】災難從來不是一個決策造成的，而是一連串未被打破的錯誤習慣。

珍珠港事件：忽視警訊的過度自信

1941年12月7日，日本偷襲美國珍珠港成功震驚全球，而這場災難並非突如其來的意外，而是多重決策錯誤累積的結果。美軍情報單位曾截獲日本可能發動攻擊的訊息，但指揮層卻認為夏威夷地理位置安全，加上過度信任既有防衛體系，導致警訊被低估。

根據後來的國會調查報告，指揮層存在嚴重的「認知定勢」，即便多項證據顯示攻擊可能性升高，依然堅守原有判斷，反映出壓力下對改變策略的抗拒與心理僵化。

越戰擴大：決策團隊的群體迷思

越戰中的多次升高決策，顯示群體迷思與資訊壓制如何讓災難不斷擴大。特別是在1964年「東京灣事件」之後，美

第五節　珍珠港、越戰與車諾比：高壓決策災難連鎖反應

國國會迅速授權總統全面擴大軍事行動。後來證實事件本身的情報並不充分，但決策團隊在強烈政治壓力與一致對外情緒下，幾乎無人質疑決策正當性。

心理學家歐文·賈尼斯（Irving Janis）將此列為群體迷思典型案例，顯示當團隊為維持和諧與一致時，將犧牲判斷深度與反思空間。

車諾比核災：訓練自信與體制封閉的交織錯誤

1986年發生的車諾比核災雖非傳統戰爭事件，但其決策環境高度類似軍事壓力場。當時值班人員執行一項已知風險極高的測試計畫，但由於多次模擬成功與組織文化中對上命令的無條件服從，使操作人員忽視警報與異常讀數。

同時，蘇聯體制下的資訊壓制與責任推卸文化，使得現場人員未及時通報，決策延遲導致災難等比放大。這種「體制壓力＋認知依賴＋誤判自信」的結構性錯誤，在心理學上屬於「錯誤一致性」（consistency error），即明知有風險，仍選擇走過熟悉的失誤路徑。

第八章　壓力之下的指揮決策：錯誤從何而來？

災難連鎖的心理交集

上述三個事件發生在不同領域與年代，但背後心理動力高度相似：壓力下依賴預設反應、自信過度、資訊選擇性偏誤與組織文化中異議壓制。

心理學家蓋瑞・克萊恩（Gary Klein）與丹尼爾・康納曼（Daniel Kahneman）對「自然決策」與「啟發偏誤」的研究均指出，決策者傾向在熟悉與不確定之間選擇前者，即便明知風險存在。這種偏誤在軍事與高風險技術領域最為常見。

災難不是突變，是預期之內的爆點

克勞塞維茲在《戰爭論》中提到：「決策的壓力，是戰爭的另一種火力。」

從珍珠港到越戰，再到車諾比，我們看到的並非單一錯誤，而是一連串心理盲區與結構壓力交織的結果。要預防類似悲劇重演，不能只強化工具與程序，更要系統性建立「懷疑文化」、訓練「情境感知」與強化決策彈性。

唯有這樣，面對下次災難徵兆時，我們才有可能在連鎖反應引爆前踩下煞車。

第九章
創傷後的戰士：
戰爭結束後心還沒放下

第九章　創傷後的戰士：戰爭結束後心還沒放下

第一節
PTSD 的形成與軍人心理斷裂點

【戰爭啟示錄】有些戰場，離開了肉身，卻永遠困住了靈魂。

創傷後壓力症候群的本質與歷史演變

PTSD（Post-Traumatic Stress Disorder）是對極端壓力事件的延續性心理反應，首次被正式定義是在 1980 年代美國精神醫學學會（APA）釋出的《精神疾病診斷與統計手冊》第三版中。但實際上，戰爭創傷的記載早於醫學命名已廣泛存在。

從第一次世界大戰中的「砲彈震撼症」（shell shock），到越戰後的「戰後症候群」，歷代軍人面對死亡威脅與暴力場景所產生的恐懼、愧疚與麻木反應，皆是 PTSD 的核心表現。症狀包括夢中重現、迴避現實、情緒麻痺、易怒、過度警覺等。

心理斷裂的觸發機制

並非每位經歷戰爭的軍人都會發展 PTSD，關鍵在於「心理斷裂點」的形成──這是一種個體內在信念與外部極端事

第一節　PTSD 的形成與軍人心理斷裂點

件間出現無法調和矛盾時的精神崩塌。

例如：一名深信自己「保家衛國」的士兵，若在戰場上不慎殺害平民，便可能產生道德受創（moral injury），進而導致自我認同崩潰。研究指出，與單純恐懼相比，這類內在道德衝突更容易導致長期創傷。

生理因素與神經機制的參與

腦神經科學證據顯示，PTSD 患者的杏仁核活動異常強烈，導致其對危險訊號的反應過度；同時，前額葉皮質活動下降，使其無法抑制恐懼與焦慮。海馬迴體積也有明顯縮小，影響記憶整合與現實判斷。

這些變化意味著，PTSD 並非「意志不堅」或「心理脆弱」，而是一種可被量化的腦部生理變化，需搭配心理與藥物治療雙軌處理。

戰爭創傷的文化與性別差異

不同文化對 PTSD 的呈現與反應各異。例如日本退伍軍人較少公開症狀，原因在於東亞文化重視「隱忍」與「不添麻煩」價值，導致 PTSD 容易內化為身體症狀，如失眠、胃痛等。

┃┃第九章　創傷後的戰士：戰爭結束後心還沒放下┃┃

性別亦是關鍵因素。女性軍人雖較少參與一線戰鬥，但因面臨更多性騷擾、性暴力與社會歧視風險，其 PTSD 發生率不亞於男性。研究發現，女性 PTSD 患者更常表現為情緒化與內疚感，而男性則多以攻擊性與麻木自我反應。

創傷不是病，而是求生過程的代價

克勞塞維茲在《戰爭論》中指出：「勝利無法定義，痛苦卻清晰可見。」PTSD 正是這種痛苦的最深痕跡。

理解 PTSD，不只是醫學任務，更是國家與社會對軍人心理福祉的責任。軍人為國家犧牲，我們更應給予他們從戰場走回人生的完整支持與理解。

第二節
戰爭記憶的重複播放與心理重創

【戰爭啟示錄】記憶,是一場從未真正停火的戰爭。

創傷性記憶的「重播」機制

創傷性記憶的最大特徵之一,是其難以控制的「侵入性重現」(intrusive re-experiencing)。患有 PTSD 的軍人經常在無預警的情境下,重複經歷戰場聲音、畫面與氣味,彷彿當時情景仍歷歷在目。

這類記憶並非單純回憶,而是類似「感官閃回」(flashback),常伴隨強烈情緒反應與生理症狀,如心跳加速、出汗與呼吸困難。神經影像學研究顯示,這是由於海馬迴與杏仁核的連結異常,使創傷經驗無法被正常儲存為「過去事件」,而是在腦中如同即時事件般反覆刺激。

夢境與潛意識的記憶擾動

夢境是創傷記憶另一個頻繁出現的通道。許多退伍軍人報告他們反覆夢見同一場戰鬥、夥伴死亡或是自己面臨死亡

第九章　創傷後的戰士：戰爭結束後心還沒放下

的瞬間。這些夢境常不具敘事性，而是一種片段式、重複性的感官衝擊。

心理學家西格蒙德・佛洛伊德（Sigmund Freud）與後來的創傷心理學者如貝塞爾・范德寇（Bessel van der Kolk）皆指出，夢境是潛意識「解碼」未被處理情緒的方式，而 PTSD 的夢境則反映出記憶尚未被整合。

環境觸發與記憶循環的啟動

許多軍人即使遠離戰場多年，仍會因某些特定聲音（如鞭炮聲）、氣味（如燃燒的油）或視覺圖像（如軍裝）而突然陷入驚恐狀態。這是所謂「條件性觸發」（conditioned trigger）現象。

這類觸發源啟動的並非邏輯記憶，而是情緒記憶。一旦啟動，便會重啟整個心理與生理反應鏈，使當事人再次經歷恐懼、羞愧、無助與求生本能之間的激烈衝突。

記憶僵固化與自我概念崩壞

重複性的創傷記憶會阻礙新經驗的整合，形成所謂「記憶僵固化」（memory consolidation failure）。當事人可能不再

第二節　戰爭記憶的重複播放與心理重創

記得事件發生順序，或將自己困在某一段特定情景中，失去時間感與現實感。

長期而言，這會造成自我概念的破碎與人生敘事的中斷。軍人可能無法規劃未來、對家庭關係疏離，甚至覺得「自己已經死了，只是身體還在動」。這類感受不僅影響情緒，還會對職涯、人際與自我價值產生毀滅性影響。

重建記憶，就是重建意義感

克勞塞維茲於《戰爭論》中寫道：「戰爭不是孤立的行為，而是精神長河中的連續波濤。」創傷性記憶的重播，正是這場精神戰爭的核心戰場。

要協助軍人走出記憶重創，不僅要透過心理治療與藥物介入，更要重建其對過去事件的意義詮釋，讓記憶成為整合生命的素材，而非破壞自我的武器。記憶不該是詛咒，而該成為復原之路的起點。

第九章　創傷後的戰士：戰爭結束後心還沒放下

第三節
軍人退役後的社會適應困難

【戰爭啟示錄】從戰場歸來的那一刻，另一場沒有硝煙的戰爭才剛開始。

角色認同的斷裂與過渡痛苦

軍人在服役期間，其自我認同深深綁定於「戰士」這一角色。這不只是職業選擇，更是一種榮譽、責任與生存模式。然而，一旦退役，這種角色身分驟然中止，許多軍人便會陷入「角色空白期」。

心理學者艾瑞克·艾瑞克森（Erik Erikson）提出的「自我認同危機」理論指出，當個人角色突變且缺乏社會支持時，容易引發深層的存在焦慮與自我否定。在退役軍人身上，這種轉變尤為劇烈。

制度斷裂與就業困境的雙重打擊

許多退伍軍人在重返民間社會時，會面臨結構性困境。首先是技能轉換的落差，戰場上習得的戰術、體能與指揮能

力，在一般就業市場中往往缺乏對應職位。再者，年齡、學歷與社會網絡也成為職場再投入的障礙。

一項由美國退伍軍人事務部（VA）委託研究顯示，約有43％的退役軍人在退伍後五年內曾經歷就業中斷或長期失業，其自尊與社會功能因此受到嚴重打擊。

家庭關係與情緒管理的重建難題

戰場與家庭生活的節奏與價值完全不同。退役軍人回到家庭後，常因過度警覺、情緒波動或隔離傾向，導致與伴侶與子女之間出現疏離與衝突。心理學家蘇利文（Harry Stack Sullivan）提出人際關係理論，強調「安全感的再建構」是社會適應的核心。

若軍人無法在家庭中感受到接納與理解，便可能選擇封閉自我，進一步陷入孤獨與退縮，甚至轉向酗酒、藥物或暴力行為進行情緒補償。

文化錯位與社會疏離感的持續擴大

除了個人與家庭層面，退役軍人還經常面對整體社會文化的「不理解」。現代社會對戰爭的理解往往片面，將軍人形

第九章　創傷後的戰士：戰爭結束後心還沒放下

象簡化為「英雄」或「失控者」，忽略其真實複雜的心理樣貌。

這種文化錯位導致軍人在公共場合難以分享經歷，也難以尋求幫助。退役軍人往往感覺自己是社會的「邊緣島嶼」，無處對接，無處安放。

歸來不是終點，而是另一場重建工程

克勞塞維茲在《戰爭論》中寫道：「戰爭留下的不只是廢墟，還有無法言說的靈魂斷面。」退役軍人的社會適應問題，不是個人能力的失敗，而是制度、文化與心理照顧的共同缺位。

要協助他們走出「第二戰場」，需從跨部門政策、家庭支持與心理重建三方面同時介入，建立「退役不是斷裂，而是轉型」的社會共識。如此，戰士才能真正從戰場中完整歸來。

第四節
國家如何善後戰爭造成的心理傷害

【戰爭啟示錄】一場真正有尊嚴的戰爭結束,應從照顧每一位倖存者的內心開始。

軍人心理照護的政策缺口與轉型思維

許多國家對退役軍人提供了物質與就業支持,但對「心理復原力」的關注仍屬薄弱。心理創傷並非短期可治癒的病症,而是伴隨個體一生的情緒與認知變化。若無持續追蹤與支持,症狀將可能惡化為家庭暴力、毒癮、甚至自殺悲劇。

先進國家如英國、美國、加拿大已建立專責機構整合精神醫療與社會服務,美國「退伍軍人事務部」更設有 PTSD 專門診所與 24 小時心理支援熱線。但在多數國家,軍人心理健康仍被視為次要問題,往往僅依賴慈善團體或退役協會零散應對。

跨部門整合與「一條龍照護」模式

有效的心理善後,不應只是醫療行為,而是一套涵蓋健康、教育、就業、司法與家庭輔導的「全人照護系統」。這需

第九章　創傷後的戰士：戰爭結束後心還沒放下

要軍方與民間、中央與地方、醫療與社會部門共同合作。

以澳洲為例，其國防部與衛生部協力推動「退役重生計畫」(Transition and Wellbeing Programme)，內容包括職涯轉換培訓、心理健康評估、家屬教育與自殺預防介入。這種模式讓退役軍人不再是「孤島」，而成為系統內的被照護者。

文化轉譯與心理服務在地化

心理健康服務必須經過文化轉譯才能真正落地。軍人經歷的是極端情境與封閉文化，他們對一般心理諮詢語言往往產生抗拒感，甚至認為「求助＝軟弱」。

因此，專業人員需接受「軍事文化敏感訓練」，建立信任關係與語言共鳴。例如芬蘭的軍人心理支持系統就聘請退役軍人進入輔導行列，讓服務者與被服務者有更強共鳴與理解基礎，顯著提升參與度與治療成效。

公共敘事與集體療癒空間的建立

國家對戰後心理善後的責任，也包括塑造一種「容許軍人脆弱」的公共敘事。除了英雄史詩與勳章頒授，更應給予軍人分享痛苦與重建自我的平臺。

第四節　國家如何善後戰爭造成的心理傷害

例如南韓近年積極推動退役軍人療癒與紀念相關計畫，透過重返戰地的參訪行程、國際運動賽事參與和影像記錄等方式，協助退伍軍人釋放心理創傷，重建社會認同。包括南韓退伍軍人參與 Invictus Games 等國際活動，以及報勳部推行的「重返韓國計畫」，皆為創傷經驗提供出口，並促進社會對軍人角色的理解與接納。這樣的公共療癒空間，有助於降低汙名、促進社會包容，最終促進國族心理健康的整體重建。

真正的勝利，是讓創傷有處安放

克勞塞維茲在《戰爭論》中寫道：「戰爭不是一場行動的結束，而是一場責任的延續。」

對國家而言，對軍人心理傷害的善後，不只是補償義務，更是制度正義與國家品格的展現。當我們願意聆聽、照護與擁抱這些心靈傷痕，我們才能真正完成從「動員戰爭」到「修復和平」的轉型。

第九章 創傷後的戰士:戰爭結束後心還沒放下

第五節
越戰、美軍阿富汗退役士兵與以色列特種部隊的創傷經驗對照

【戰爭啟示錄】戰爭留下的不只是傷疤,而是一整套無形卻真實的痛苦座標。

越戰老兵:創傷失語與社會排斥的雙重夾擊

越戰老兵的創傷經驗,是 PTSD 現代醫學建構過程的原點之一。許多越戰退役軍人未受到應有尊重與支持,反而因反戰浪潮與國內政治矛盾遭到輿論排斥,導致「沉默創傷」(silent trauma)普遍存在。

根據美國國家退伍軍人研究所報告指出,越戰退役軍人 PTSD 盛行率長期高達 30%,其中不少人長年未就醫,甚至成為街友。這顯示創傷不只是心理疾病,更是結構性遺忘下的社會斷裂。

第五節　越戰、美軍阿富汗退役士兵與以色列特種部隊的創傷經驗對照

阿富汗退役士兵：
多次派遣與延遲發作的心理後座力

美軍在阿富汗長達二十年的駐軍行動中，數以萬計士兵經歷重複部署、複雜交火與恐怖攻擊。這類「延遲發作型 PTSD」(delayed-onset PTSD) 在退役後數年才逐漸浮現，症狀包括情緒麻木、過度警覺、關係斷裂與社會退縮。

此外，阿富汗戰場特殊的「非對稱衝突」與敵我難辨的情境，造成士兵持續處於高壓與信任崩潰狀態。這導致不少退役者在平民生活中仍無法放下「戰鬥模式」，進一步加劇社會融合困難。

以色列特種部隊：
持續戰備文化下的創傷隱形化

與美軍不同，以色列特種部隊退役者所承受的心理創傷往往更難察覺。以色列社會對軍人角色高度崇敬，普遍期待軍人「無所不能」、「堅不可摧」。這種文化背景促使特種部隊成員將創傷內化，鮮少主動求助，形成「功能性 PTSD」群體。

研究發現，即便是完成高風險任務的菁英士兵，亦存在深層罪惡感、悲傷與焦慮，只是以過度工作、情感切斷或權

第九章　創傷後的戰士：戰爭結束後心還沒放下

威行為掩飾之。長期而言，這類創傷不處理，將轉化為家庭暴力、自我隔離與憂鬱自傷等形式。

三國對照中的相同與差異點

三國案例顯示，戰場創傷有共通核心 —— 道德困境、持續警覺與關係破壞；但也展現文化差異 —— 美國創傷轉化為抗爭，以色列則轉化為服從，日本與韓國則傾向沉默與壓抑。

這些差異決定了創傷是否能被說出、被看見、被承認。從心理學角度看，能否將創傷納入「國家敘事體系」中，決定了一位退役者是否能被社會重新接住，而非永遠漂流在英雄與受害者之間的模糊地帶。

創傷的終點，不是遺忘，而是整合

克勞塞維茲在《戰爭論》中指出：「戰爭是社會結構的延伸，創傷則是延伸後的回音。」

當國家理解創傷的文化差異、尊重每位軍人的心理復原節奏，並為之提供「說得出口的空間」，創傷才有機會從痛點轉化為歷史記憶的一部分。那是另一種勝利 —— 讓曾流血的人，重新被溫柔對待。

第十章
全民心理戰：
讓整個國家一起「感覺勝利」

第十章　全民心理戰：讓整個國家一起「感覺勝利」

第一節
社會動員的心理預備機制

【戰爭啟示錄】一場戰爭能否打贏，從民眾是否準備好恐懼與服從開始。

心理戰的第一線不是戰場，而是日常社會

戰爭不再只是軍人與士兵之間的對決，而是整體社會的情緒戰、信念戰與資源動員戰。當代軍事心理學強調，戰爭的勝敗很大程度上取決於社會心理的「預備程度」。這種預備並非單靠命令或政策形成，而是一種心理習慣與集體思維方式的塑形。

當社會長期處於和平繁榮狀態，民眾面對戰爭威脅時常出現否認、焦慮或過度依賴政府的傾向。若無預先進行心理建構，則一旦危機爆發，恐慌、逃避、責任轉嫁與認知混亂將迅速蔓延，削弱國家應變能力。

第一節　社會動員的心理預備機制

恐懼管理與集體焦慮的治理技術

戰爭心理預備的一個核心議題是「恐懼管理」(Terror Management Theory, TMT)。此理論認為人類對死亡與混亂有本能性恐懼，若未適當處理，將轉化為極端化、族群對立或對威權的盲目依附。

現代國家需透過教育、媒體與日常語言對民眾進行「有序恐懼」管理——不否認風險，但提供穩定敘事與行動指引。例如北歐國家在冷戰後即持續進行「危機民防演習」，並教育民眾如何在戰爭或核災中進行自我保護，減少心理失控風險。

制度化動員心理的四大構成要素

有效的社會心理動員需具備以下要素：

(1) 明確而具視覺化的敵我界線（如概念化敵人形象）；
(2) 群體認同與命運共同體意識（如全民皆兵理念）；
(3) 正當性的道德框架（如保衛家園、捍衛自由）；
(4) 組織化的參與通道（如後備役體系、志工網絡）。

這四個要素共同構成「戰爭社會心理建構模型」，在社會學者艾彌爾‧涂爾幹 (Émile Durkheim) 理論基礎上，結合現代社會建構主義，形成一種可操作性的群體準備架構。

第十章　全民心理戰：讓整個國家一起「感覺勝利」

資訊透明與信任感的正向循環

許多國家在戰爭發生時，採取「隱匿真相、製造穩定」的策略，但心理學研究證實，這種做法在初期雖可抑制恐慌，長期卻將導致政府信任斷裂與社會動員瓦解。

真正有效的心理預備，是建立「資訊信任鏈」——政府提供即時、真實、透明的資訊，人民回以信任與合作意願。例如芬蘭在俄烏戰爭爆發後，迅速啟動「真相通報系統」，並結合社群平臺由公民志工協助篩選資訊，有效防止假消息擴散與社會恐慌。

從和平心理，轉換為戰爭意識的集體轉向

克勞塞維茲於《戰爭論》中指出：「戰爭是社會的延續形式，勝利屬於最早準備好的人群。」在心理戰時代，贏得戰爭的不是最強的軍隊，而是最早完成「內心備戰」的國家。

社會心理動員並非臨時動員，而是一場長期的文化教育與心理適應過程。當一個社會能夠不以恐懼否認現實，並能在壓力下展現出集體理性與情緒韌性，那麼，即便戰爭來襲，這個國家也早已在心理上奠定了勝利的基礎。

第二節
全民一致感的建構與象徵系統操作

【戰爭啟示錄】沒有旗幟、標語與口號的戰爭,無法讓人相信自己正在參與歷史。

象徵與情緒動員的政治心理學根基

在戰爭期間,象徵並不只是裝飾或表態,更是一種心理秩序與集體情感的編碼工具。從國旗、軍歌到領袖演說,這些「象徵性資產」能喚起群體情緒、凝聚認同與引導行動。

心理學家亨利·泰菲爾(Henri Tajfel)提出的「社會認同理論」指出,個體透過歸屬於某群體來確認自我價值,而象徵便是群體邊界的具象表徵。戰時象徵強化可在短時間內將鬆散社會連結成一個「情感共同體」。

口號、服飾與顏色:戰時象徵的多重層次

有效的戰時象徵系統涵蓋視覺、語言與行為三層。顏色(如迷彩、國旗色)、服飾(軍裝、識別章)、口號(如「撐到底」、「全民抗戰」)皆是「認同可見化」的心理策略。

第十章　全民心理戰：讓整個國家一起「感覺勝利」

這些象徵雖簡單，卻能產生「典範效應」，使個體在面對選擇時，更傾向做出一致性行為，減少內部質疑與猶豫。這不僅有助於維持社會穩定，也為動員創造心理正當性。

象徵儀式與集體情緒轉化

戰爭期間，大型公共儀式如升旗典禮、悼念活動與勝利遊行等，扮演著群體情緒轉化的管道。社會學家艾彌爾·涂爾幹（Durkheim）認為，儀式能暫時消除個體差異，讓參與者進入「集體狂熱狀態」，產生超個人動力。

這種儀式性操作不僅提供情緒宣洩出口，更讓民眾感受到「我們在一起」的心理連結，有助於形成面對戰爭壓力的心理防線。

戰爭象徵如何變成文化資產

象徵一旦成功建構，不僅在戰時發揮動員效果，更可能在戰後轉化為國家記憶與文化資產。成功的象徵不會過度政治化，而是能在不同時代持續轉譯、被納入教育、藝術與公共建設中，成為認同持續生成的基礎。

第二節　全民一致感的建構與象徵系統操作

例如芬蘭的「冬季戰爭」紀念活動與雕塑設計，將戰時象徵轉化為全民教育工具，使年輕一代能夠理解歷史情境與今日國防意識的關聯。

象徵不是空談，而是心理武器的核心零件

克勞塞維茲於《戰爭論》中提到：「戰爭的本質不在於破壞，而在於說服。」而說服的第一步，正是創造一個讓人願意相信的故事與符號系統。

當一個社會能有意識地打造統一、可傳遞與情感共鳴的象徵結構，便能在戰時迅速建立凝聚力與行動力。因為戰場上最強的不是武器，而是讓人民相信「我們是一體」的那面旗幟。

第十章　全民心理戰：讓整個國家一起「感覺勝利」

第三節
國民教育中的「戰爭語言」設計

【戰爭啟示錄】語言是武器，一旦內化，能讓人民自願為戰爭犧牲。

語言如何定義現實與敵我界線

語言不只是溝通工具，更是認知框架的建構者。當國家進入戰爭或高風險局勢時，教育系統中的語言使用開始轉向戰略導向，強調敵我分明、危機存在與集體責任。

心理語言學者喬治・萊考夫（George Lakoff）指出，語言是一種「思想容器」，透過特定詞彙與句構設定邊界、激發情緒並引導行動。戰爭語言便是透過此類容器，將戰爭合理化為必要與正當。

教育語境中的潛移默化設計

戰爭語言若只限於軍事課程難以產生效果，必須滲透至各學科與教育活動。例如歷史課強調戰爭中的「榮譽」與「犧牲」、國文課引用家國情懷詩文、體育課導入團隊戰術思維

第三節　國民教育中的「戰爭語言」設計

等,形成一套跨科整合的心理暗示系統。

這種語言設計並非洗腦,而是藉由語言重構國家與個人關係,讓學生從小理解:國家安全與自身命運息息相關。這樣的教育邏輯在芬蘭與以色列教育制度中早已系統化,並顯著提升國民對國防事務的參與度與心理穩定度。

危機話語的情緒管理功能

戰爭語言亦是處理危機情緒的工具。當國家面臨外部壓力時,若無一套可用語彙與框架來理解現況,民眾容易陷入混亂與不信任狀態。透過教育中建構出來的「心理詞庫」,人們得以將恐懼轉化為義務、將憤怒引導為集體目標。

例如「防衛即自由」、「全民皆兵不是口號,是信念」、「逆境是我們的日常」等語句,能將抽象恐懼轉為具體語言,使民眾在面對不確定性時有情緒出口,也提供理性行動路徑。

語言作為國家心理防線的一環

語言所建構的世界觀與情緒導向,實際上也是國防體系中的「非物理防線」。透過教育中的語言設計,國家可以在無形中培養出更高的抗壓力、更多的社會信任與更穩定的國族認同。

第十章　全民心理戰：讓整個國家一起「感覺勝利」

這也是為什麼美國國土安全部與教育部近年持續推動多項提升校園與社群心理韌性的合作計畫，透過強化語言素養、批判思維與資訊辨識能力，培養社會在面對恐攻、災難與戰爭等挑戰時的集體應對能力。像是「校園韌性計畫」（Campus Resilience Program）及數位素養倡議，皆顯示出語言與認知訓練在危機應變中的核心角色。

設計語言，就是設計國家的生存能力

克勞塞維茲在《戰爭論》中寫道：「戰爭需要的不只是軍備，更需要說服。」

語言，是說服的基礎。當國家能夠有意識地設計教育語言，使下一代能用正確的詞彙面對危機、定位自身並理解國族處境，那麼，戰爭還未開打，心理已經築好了防線。

第四節
危機領導下的心理安全架構

【戰爭啟示錄】真正的安全感，來自危機中仍知道誰在帶路。

戰時領導的心理定位功能

在戰爭或重大危機期間，領導者不只是決策者，更是群體情緒的穩定核心。根據心理學家羅伯特・席爾迪尼（Robert Cialdini）的研究，群體在面對高度不確定情境時，對權威的依附需求會顯著升高，特別是那些展現出果斷、冷靜與同理特質的領袖。

此時，領導者的每一個公開談話、身體語言與處事方式，都不只是策略實踐，更是社會情緒的編碼與再保證行為。人民是否能夠「心理安全地面對戰爭」，往往取決於他們是否信任領袖能預測未來並帶來秩序。

第十章　全民心理戰：讓整個國家一起「感覺勝利」

心理安全與「可預測性敘事」的建立

所謂心理安全，不是來自於「沒有威脅」，而是對威脅有一套可以理解與應對的敘事。這是戰時領導者最關鍵的任務之一：建立一個社會共同可以相信的「可預測性未來」。

具體作法包括：每日穩定簡報、明確的情境假設圖像、分層次危機處理計畫，以及強調「我們已準備好」的訊息頻率。這些策略讓社會在動盪中保持節奏感，也降低情緒失控風險。

情緒容納空間與領導者的情緒表演角色

心理學家認為，危機時期的領導者同時需扮演兩種角色：「主帥」與「情緒容器」。主帥負責行動部署，而情緒容器則是為人民承擔焦慮與憤怒、轉化為可接受的語言與節奏。

因此，領導者不應只是下令者，更是國家情緒的處理者。有效的領導表現應該允許悲傷但不失堅強，承認風險但不製造恐慌，這樣的情緒表演才能真正提供群體穩定心理基地。

第四節　危機領導下的心理安全架構

制度性心理支持的組織化建構

除了領導者個人特質外,一個國家需有組織化機制來協助人民建構心理安全感。例如設立「戰時心理支援中心」,結合社會心理學、公共衛生與媒體溝通專業,提供即時心理輔導、社群安撫、輿論監測與假訊息澄清。

這些機構若能與危機管理系統同步運作,不僅能提升社會韌性,也能減少壓力外溢成為政治或社會暴力的風險。芬蘭與以色列的案例均顯示,戰爭不是只靠軍隊,而是全民心理系統的合奏。

心理安全不是安慰,是戰略資產

克勞塞維茲曾說:「真正的領導,是讓人民在混亂中看見秩序。」戰爭帶來的不只是物理破壞,更多是心理信念的動搖。

若領導者能建構出穩定而有彈性的心理安全系統,不僅能讓人民保持信任,更能提升整體國防的整合力與行動效率。畢竟,信任,是一場戰爭中最難爭取、卻最關鍵的防線。

第十章　全民心理戰：讓整個國家一起「感覺勝利」

第五節　芬蘭、以色列與臺灣：小國心理防衛體制分析

【戰爭啟示錄】沒有強大軍力的國家，更需要堅不可摧的心理防線。

芬蘭：冷戰遺產下的全民心理備戰模型

芬蘭雖地處北歐，但因與俄羅斯長年接壤，深知軍事上無法單靠硬實力抗衡，遂自二戰後建立出一套「全民防衛」體系。這套模式結合教育、媒體、地方治理與文化記憶，強化全民在和平時期即具備危機應對與心理韌性的社會備戰能力。

芬蘭的國家安全戰略明確指出，國防並非軍方專屬責任，而是全民參與的長期任務。透過「總體防衛制度」（Total Defence），芬蘭強調在教育體系中培養公民的批判思維與資訊素養，並由地方政府與心理專業機構合作設立危機支援系統，使民眾在遭逢戰爭、災難或重大事件時，能迅速進入理性應對模式，減少恐慌與社會崩潰風險。

第五節　芬蘭、以色列與臺灣：小國心理防衛體制分析

以色列：高強度威脅下的軍民心理共構系統

以色列長年面臨地區衝突與恐攻威脅，其心理防衛體系堪稱全球最完善之一。關鍵在於「軍民一體」的心理建構——從孩童起即接受安全訓練、國高中課程即介紹國防系統、成年後普遍服兵役，讓每位公民都具有面對戰爭的心理圖像與實務經驗。

以色列心理防衛還特別強調創傷即時處理，例如軍隊中設有「戰時心理單位」（Field Mental Health Unit），並在各城市設置戰後心理重建服務站，使創傷不至擴大至結構性崩解。

臺灣：威脅陰影下心理韌性建構的進程與挑戰

臺灣長期處於地緣政治高壓環境，社會對潛在衝突具有高度敏感度。然而，心理防衛過去多由軍方主導，缺乏跨部門的整合與社會層面的長期布局。目前國防部與教育部雖已合作推動「全民國防教育」，並初步將心理防衛觀念納入國民教育體系，但整體尚未建立明確的協同運作機制，相關制度與資源整合仍處於發展階段。

臺灣的媒體自由度高，但同時亦成為假訊息滲透與社會恐慌的管道。建立跨部門心理防衛聯絡平臺、強化社區心理任務編組，將是下一階段關鍵挑戰。

第十章　全民心理戰：讓整個國家一起「感覺勝利」

三國比較中的策略異同與可借鏡之處

芬蘭重在「預備結構」，以制度與教育為核心；以色列則強化「應變反射」，從軍事經驗塑造心理模型；臺灣則處於轉型期，正嘗試將心理防衛從軍事擴展至社會面。

三者共通點在於：心理安全不能只靠個體自覺，必須透過教育、儀式、制度與社群共同打造心理信任鏈。尤其在現代戰爭中，資訊攻擊與情緒操控成為常態，若缺乏心理整備，社會將成為敵方最快切入的裂縫。

小國的勝算，在於先備好人民的心理能量

克勞塞維茲曾言：「一場戰爭的成敗，常取決於國民的承受力。」對於地緣環境脆弱、軍力有限的小國而言，心理防衛不只是補充策略，而是國防核心的一環。

當國民能理解戰爭風險、信任政府、擁有情緒韌性與行動指引，戰爭即使來襲，也無法從內部瓦解其抵抗意志。心理，不只是戰爭的隱形戰線，而是國家存亡的最後堡壘。

第十一章
輸的不只是一場仗，而是一個信仰體系

第十一章 輸的不只是一場仗，而是一個信仰體系

第一節
為什麼戰敗會讓政權垮臺？

【戰爭啟示錄】當軍隊潰散的不只是陣線，而是整個國家的敘事基礎。

政權正當性與軍事勝敗的心理鏈結

政權的穩固，仰賴群眾對其正當性與效能的信任。戰爭作為國家權力正當性的最終試煉，一旦失敗，象徵的不只是軍事失利，更是執政權威的崩塌。心理學家湯姆‧泰勒（Tom Tyler）指出，人民服從政府的關鍵在於「程序正當性」與「結果正當性」的結合，而戰敗通常動搖的是後者。

當政權無法保護人民免於戰爭災難，人民便會重新檢視政權存在的必要性與價值。這種信任崩解，往往先於制度瓦解發生，並迅速擴散至整個社會結構。

戰敗創傷的情緒轉化：從失望到憤怒

戰敗所帶來的集體心理衝擊，通常經歷三個階段：第一是震驚與否認，第二是悲傷與自責，第三則是憤怒與指責。

第一節　為什麼戰敗會讓政權垮臺？

這種情緒轉化若未被適當引導,將轉化為針對政府的群體行動。

歷史上無數政權的垮臺,不是敗於戰場上的劍與炮,而是輸給了群眾內心積累的羞辱與絕望。尤其當政權早已存在腐敗、壓迫或效率低落等問題時,戰敗只是壓垮其正當性的最後一根稻草。

戰敗與群體認同的撕裂

戰爭失敗亦導致「國族認同危機」,人民會開始質疑:「我們還是我們嗎?我們還值得存在嗎?」心理學家艾瑞克森(Erik Erikson)曾指出,群體認同的基礎來自於「連貫的歷史敘事」,一旦歷史敘事被戰敗中斷,群體便進入「存在焦慮」。

若政府無法快速重建新的敘事框架,群體將可能投向替代性意識形態(如宗教狂熱、民族分裂主義或極端反政府行動)以尋求安全感與身分重構。

現代媒體與戰敗敘事的放大效應

在數位時代,戰敗不再只是軍事消息,而是由即時影像與社群輿論所構築的「全民觀看經驗」。政權在戰敗後的每一

第十一章　輸的不只是一場仗,而是一個信仰體系

次失措、逃跑、失言或模糊表態,都會被放大成失能與怯懦的證明,進一步削弱其統治基礎。

反之,若能主動承認失敗、安撫情緒、提供清晰路徑並重申核心價值,仍有機會維繫最低限度的社會信任。例如1940年邱吉爾於敦克爾克撤退後發表的「我們將戰鬥到底」演說,成功逆轉了潰敗可能帶來的恐慌與幻滅。

輸的不只是仗,是信任、價值與存在意義

克勞塞維茲在《戰爭論》中寫道:「戰爭是用刀劍書寫的政治辯論。」若這場辯論最終以失敗收場,政權所面對的不只是軍事挫敗,而是統治根基的合法性崩潰。

戰敗不只是軍人的痛苦,更是國民認同的裂解點。若無心理上的重建與敘事上的再構,任何制度都將難逃人民情緒海嘯的摧毀。

第二節
信仰崩潰與軍事戰敗的連鎖關係

【戰爭啟示錄】信仰一旦崩潰,軍隊還在,國家卻已不存在。

戰爭中的「信仰」不只是宗教,而是制度與未來的信念

當我們談論戰爭信仰的崩潰,並不僅指宗教信仰的瓦解,更包括一整套對國家制度、公民角色、未來希望的信念系統。心理學家亞伯特・班度拉(Albert Bandura)在社會認知理論中指出,人類的行動動機源自「自我效能」與「價值預期」。而戰爭正是一場對「效能」與「價值」雙重檢驗的社會壓力鍋。

當軍事失利逐步暴露體制的脆弱與無能時,人民不只是失望,更會產生對未來的深層懷疑。這種信仰瓦解會像病毒一樣擴散,在群體中形成一種「不再相信」的集體情緒狀態。

第十一章　輸的不只是一場仗，而是一個信仰體系

信仰瓦解與軍事潰敗的心理循環

軍事失敗與信仰崩潰之間，往往形成一種相互強化的惡性循環。當人民對政府與軍隊失去信心，士兵將失去士氣與後盾，戰力隨之下滑；反過來，前線戰敗又會進一步打擊民眾信心。這種連鎖反應正是克勞塞維茲（Carl von Clausewitz）在《戰爭論》中所言：「戰爭是情緒與認知的雙重對抗，而非單一的武力競技。」

這種心理循環的終點，就是社會心理系統的崩潰。若無外部干預或新敘事重構介入，這個循環將導向全面瓦解，從政權失能到國家解體。

戰敗敘事與「背叛感」的擴散效應

心理學家亞倫・貝克（Aaron Beck）在其認知療法理論中指出，負面信念一旦建立，就會透過選擇性注意與記憶強化自我證成。這在戰爭信仰瓦解過程中表現得尤為明顯。人民會開始回顧政府的「失誤」、軍隊的「無能」、盟友的「不可靠」，最終建構出一套「我們被出賣」的敘事邏輯。

這種背叛感一旦成形，會快速侵蝕公民對國家的情感歸屬，形成抗拒、憤怒、甚至叛變行為。例如1918年德國國內

普遍流行的「刀刺在背傳說」,將戰敗歸因於內部叛徒與政府腐敗,最終為納粹極端民族主義鋪路。

宗教、文化與思想信仰的替代性擴張

當原有國家信仰系統崩解後,人民心理傾向會尋求新的價值替代來源。這也是為何在戰後或戰敗期間,極端主義、宗教原教旨或民族分裂主張特別容易快速擴張。這不只是一種意識形態的選擇,更是為了填補心理上的空洞。

這種替代信仰若無法被溫和中道力量接住,便極有可能成為新一輪政治暴力與社會撕裂的溫床。換言之,戰爭輸的不只是軍隊,更是國民心中那座精神之城。

信仰一旦崩解,重建遠比重建城市艱難

克勞塞維茲在《戰爭論》中曾警告:「破壞一個國家的軍隊容易,但要重建其精神需數十年,甚至永遠不可能完成。」信仰崩潰是一場心理核爆,不僅摧毀當下,更影響一整代人對國家、對未來的理解。

若戰敗來臨,國家所需面對的不是軍備重建,而是信念修復。唯有承認錯誤、傾聽人民、重建價值對話,國家才能走出輸掉的那場「心戰」。

第十一章　輸的不只是一場仗，而是一個信仰體系

第三節　「我們原本是正義的」這句話的心理重要性

【戰爭啟示錄】正義感崩解的那一刻，士兵的子彈就再也射不準方向。

正義感作為戰爭行動的心理支柱

在戰爭心理學中，「正義」從來不是抽象理念，而是每一位士兵與民眾決定是否繼續戰鬥的心理槓桿。心理學家利昂‧費斯汀格（Leon Festinger）指出，人的行為動機需要一致性的認知支持，否則將產生「認知失調」。在戰場上，這種一致性來自於「我們是對的，我們在保衛正義」這樣的信念。

一旦這種信念動搖，戰鬥不再是使命，而成為折磨。士兵的行動將從主動轉為被動，群眾的支持也將從堅定轉為懷疑。正義感不只是國家論述，更是個體生存的心理解釋。

戰敗與道德正當性的斷裂點

當軍事失利來臨，最先瓦解的不是武器，而是「正義的框架」。當人民開始質疑：「我們是不是搞錯了？」或「我們是

第三節 「我們原本是正義的」這句話的心理重要性

不是才是侵略者？」，原先的道德高地將瞬間下沉。

這種道德斷裂會產生極大的羞辱感與身分混亂，導致士兵拒戰、人民憤怒、領導者失語。例如美國在越戰後期，許多士兵返回國內遭遇的不是英雄歡呼，而是道德質疑，這讓大量退役軍人陷入長期創傷與自我否定之中。

戰爭敘事與「被剝奪的正義感」效應

心理學家馬汀・塞利格曼（Martin Seligman）曾提出「習得性無助」理論，用以解釋個體在長期無法改變結果的情況下，會放棄反應並產生絕望。在戰爭中，當一方發現無論多努力仍不被視為正義，就會出現「被剝奪的正義感」，進而產生集體習得性無助。

這種情境常導致社會出現激進化或犬儒主義，甚至掀起內部清算與自我撕裂。人民不再關心是否勝利，而是將怒火投射至國家、體制或象徵性敵人。

重建正義感與失敗敘事的轉譯工程

為了避免全面崩潰，國家若在戰敗後要恢復信任，首要工作即是重新轉譯正義敘事。這並非粉飾太平，而是從新的

第十一章　輸的不只是一場仗，而是一個信仰體系

角度賦予失敗意義。例如將戰敗詮釋為「堅守原則的犧牲」、「未完成的正義」、「必要的教訓」等，將破碎經驗納入歷史，避免變成群體恥辱的永恆記號。

這類轉譯策略在德國與日本戰後復原歷程中均曾出現。關鍵不是否認錯誤，而是為錯誤給出合理且情感可接受的心理歸屬，讓人民能繼續活下去而非被困在過去。

失去正義感的國家，會失去一切

克勞塞維茲在《戰爭論》中提到：「軍力是物質的，正義是精神的，唯有二者合一，國家方能久存。」戰爭從不是單純武力較量，而是一場持續的正當性競爭。

當「我們是對的」這句話無法再被說出口，當人民與軍人不再相信自己所做的是對的，即使戰火仍未熄滅，國家的精神已然破裂。要贏得戰爭，必須先贏回信念。

第四節
從軍事失利到思想轉向的政治心理歷程

【戰爭啟示錄】失敗讓武器沉默，也讓思想開始發聲。

戰敗如何啟動集體反思機制

軍事失利不僅帶來物理層面的破壞，更是一種集體敘事的震盪。根據社會心理學家凱茲（Daniel Katz）與卡恩（Robert Kahn）的組織心理模型，制度一旦無法提供穩定的目標與方向，群體會自動進入「認知重整」階段，尋求新的意義來源。

這樣的反思並非理性辯證，而是出於情緒壓力下的求生反應。當原有的信念體系無法解釋戰敗時，人民便會尋找新的敘事與思想解釋其所遭遇的混亂，這是政治思想轉向的心理起點。

從英雄史觀到制度批判的轉變過程

戰爭前期多半建立在英雄敘事與團結論述上，但一旦戰敗發生，社會將開始轉向尋找「誰該負責」。這種轉變多半從個人責備開始，進而擴及整體制度的檢討。

第十一章　輸的不只是一場仗，而是一個信仰體系

心理學家哈羅德・凱利（Harold Kelley）提出的「歸因理論」說明，人在解釋失敗時會傾向尋找外部、可控、具象的對象進行責難。若政府無法有效回應，這些歸因便會逐漸累積成思想性質的體制懷疑與價值重建，成為政治改革或革命的潛在動能。

思想轉向的三種社會心理動力

第一是「認同焦慮」：原先的國家敘事崩解後，人民開始質疑自身角色與集體定位。

第二是「象徵匱乏」：戰敗削弱了群體象徵資本，迫使社會尋找新的信仰目標。

第三是「行動壓力」：持續的生活困難與心理壓力驅動人民不再接受現狀，轉而尋求激進或改革選項。

這三種力量交織運作時，便構成了所謂「思想轉向的社會臨界點」。歷史上許多政權轉型、意識形態更替，皆是在此類集體心理動能下催化而成。

第四節　從軍事失利到思想轉向的政治心理歷程

知識分子與媒體在思想轉向中的角色

當社會進入戰後心理迷惘期，知識分子與媒體常成為敘事重建的關鍵角色。他們可能成為國家修復的協作者，也可能是主導思想轉向的催化者。

若媒體仍傳遞舊敘事，將被視為體制附庸而失去信任；反之，若能反映群眾心理並提供有力的替代解釋，將迅速獲得影響力，甚至引導下一個政權的價值基礎。例如越戰後期，美國主流媒體與知識圈逐漸轉向反戰立場，間接推動戰略收縮與政策反思。

戰敗不只是結束，更是思想重組的開始

克勞塞維茲在《戰爭論》中提及：「戰爭既是政治的延伸，亦是信仰的試煉。」當戰敗發生，社會將面對的不只是物理重建，更是一場意義與價值的重塑工程。

若國家能引導這場思想重組，則敗戰可成為轉型契機；若任其無序發展，則思想真空將被極端勢力或虛無主義填補。輸掉戰爭並不可怕，怕的是輸掉了社會重新思考的勇氣與能力。

第十一章 輸的不只是一場仗，而是一個信仰體系

第五節
阿拉伯之春、蘇聯解體與日本戰敗：戰爭輸的不只是軍隊

【戰爭啟示錄】軍隊可以潰散一次，信念若潰散，整個國家就不再存在。

蘇聯解體：軍事拉鋸後的信念瓦解

1991年蘇聯的解體並非單純軍事失敗的結果，而是信念崩潰的政治心理循環。從阿富汗戰爭的無效耗損，到戈巴契夫改革失控，民眾逐步對共產體制產生徹底失望。長期的戰爭拖累經濟，也瓦解了社會對「我們是超級強權」的集體信仰，造成從軍官到工人階級的大規模離心效應。

克勞塞維茲在《戰爭論》中指出：「國家若無再戰之心，即使尚有軍隊，也難再聚成戰力。」蘇聯的垮臺，是群體信仰系統的全面崩潰，不只是政權交替，而是整個敘事模型的自我瓦解。

第五節　阿拉伯之春、蘇聯解體與日本戰敗：戰爭輸的不只是軍隊

日本戰敗：從神國神話到現代國家重建

二戰後的日本經歷了從軍國主義到和平憲政的思想劇變。1945年無條件投降不只是軍事終止，更是天皇「人間宣言」象徵著整個「萬世一系」神話的心理崩壞。民眾原本被動員於「為天皇而戰」的高度心理一致感，在敗戰後轉化為徹底的價值空洞。

心理學家維克多・弗蘭克（Viktor Frankl）強調：「人在無法為其痛苦賦予意義時，就會崩潰。」日本戰敗後的心理真空，成為知識分子與新憲政思潮填補的空間，重構現代日本國族認同，也成為戰敗後和平重建的經典樣板。

阿拉伯之春：政權脆弱與信仰斷裂的連鎖反應

2010年後的阿拉伯之春看似由社會抗議與政治革命所引發，但其深層心理背景，正是多年戰爭、腐敗與壓迫所導致的集體信念崩解。突尼西亞、埃及、利比亞等地的抗議者不再相信國家可以保護他們，亦不再相信「現狀可以改善」。

這種信仰的中斷造成統治者「失去群體情感基礎」，即便有軍隊、有警力，卻無法維繫政權。心理防線一旦崩潰，任何外部權力亦無法挽回內部瓦解的敘事鏈。

第十一章　輸的不只是一場仗，而是一個信仰體系

共通心理機制：輸掉的是「我們相信的未來」

上述三例皆證明，戰爭或革命失敗背後的關鍵，在於群體所依賴的信仰敘事一旦破碎，國家將無從繼續運作。無論是神權的日本、共產的蘇聯，或威權的阿拉伯世界，皆因「我們是正義的」、「我們將勝利」這類敘事被現實反覆否定，而最終選擇心理退出。

人民不再參與、不再投入，也不再相信，這才是真正的戰敗。而此種敗退，往往無聲，卻更致命。

國家心理的重建，比軍事更關鍵

正如克勞塞維茲所言：「戰爭是信念的決鬥場。」當國家輸掉的不只是軍隊，而是心理能量與道德敘事，那麼，即便槍砲沉寂，也可能只是暫時的表面和平。

戰敗不可恥，逃避信仰重建才是國家最大的恥辱。真正堅強的國家，不只是贏得勝利，更能在失敗中重構人民對未來的信任感。

第十二章
戰爭後的心理重建：
信念、和解與恐懼循環

第十二章　戰爭後的心理重建：信念、和解與恐懼循環

第一節　勝利後的戰爭倦怠與情緒崩盤

【戰爭啟示錄】戰爭贏了，但人的內心，可能還在崩潰。

戰後情緒崩盤的心理邏輯

人們常誤以為勝利會帶來快樂，但心理學顯示，壓力釋放後的反作用常是情緒低谷。心理學家喬治‧博南諾（George Bonanno）在其創傷復原研究中指出，在重大壓力解除後，個體常出現所謂「勝利後憂鬱」現象，原因在於長期高度警戒與情緒壓抑所帶來的心理債務。

戰爭勝利代表一段強烈動員結束，而國民的心理支撐系統——如義憤、恐懼與希望——也突然失去目標。在這種情境下，個體與群體會進入情緒失衡狀態，甚至引發社會躁動與心理危機。

軍人群體的「勝利空洞」感

對前線軍人而言，勝利未必等於心理修復。許多士兵在戰後反而感到茫然與失落，因為戰時的高度意義感與夥伴連

第一節　勝利後的戰爭倦怠與情緒崩盤

結突然中斷，使他們無法快速適應回歸日常生活的平淡。

這種「目標消失」的失序感，可能導致焦慮、憤怒與逃避行為。在美軍伊拉克與阿富汗戰後，便出現大量退役軍人酗酒、自殺與家庭暴力事件，其根源即是心理結構與社會角色落差造成的調適困難。

勝利敘事的虛脫與潛在失能

勝利之後，政權與媒體往往需要快速建構「勝利敘事」以維繫民心。然而若該敘事與人民實際感受產生落差，反而會加深疏離。例如若戰後生活未改善、戰爭代價未獲回報，人民將對「我們真的贏了嗎？」產生懷疑，形成新一輪政治心理動盪。

克勞塞維茲在《戰爭論》中提醒：「勝利不能掩飾代價，否則會在和平中孕育新的戰敗。」若不處理戰後民眾對死亡、破壞與犧牲的情緒債務，勝利可能只是短暫幻象。

如何引導勝利後的心理重建

有效的戰後心理重建需具備三個面向：第一是「悲傷允許」，給予人民與軍人表達哀傷與失落的空間；第二是「意義

第十二章　戰爭後的心理重建：信念、和解與恐懼循環

重構」，將勝利轉譯為更長期的和平目標；第三是「制度連結」，將退伍軍人與戰爭受害者整合進重建工程，讓其有參與和價值實現的機會。

這樣的安排可將勝利後的倦怠與空虛導入有意義的行動脈絡中，使戰爭不只是終點，更是新社會形塑的起點。

勝利的代價是心理續戰的開始

戰爭雖已結束，但人的心理仍在場。勝利只是軍事事件的結果，不是心理痊癒的終點。

若無對創傷的照護、情緒的修復與意義的重建，戰後社會將被內在斷裂所牽制。真正的勝利，不在戰場，而在人民是否能帶著完整的心靈走向和平未來。

第二節
被戰爭傷害的下一代心理圖譜

【戰爭啟示錄】子彈擊中的不只是當代人的身體，也穿透了下一代的心靈。

戰後兒童的「沉默創傷」現象

在戰爭陰影下成長的下一代，雖未直接參與戰事，卻承受著隱性的心理創傷。哲學家凱茲（Steven Katz）研究指出，戰後兒童普遍存在「沉默創傷」（silent trauma），其表現為退縮、情緒冷漠、信任障礙與過度早熟。這些症狀往往難以被家庭與學校察覺，卻在成長過程中深刻影響其人格與社會適應力。

這類心理創傷常源於家庭氛圍的壓抑、親人的情緒不穩與社會不確定感。孩子無法理解戰爭的邏輯，只能以自身經驗消化父母的焦慮與恐懼，造成早期心理結構的異常發展。

記憶與敘事的代際傳承壓力

許多戰後社會為了追求和平與穩定，選擇「集體遺忘」或「沉默政策」，不在學校與媒體中討論戰爭。然而，這種策略

第十二章　戰爭後的心理重建：信念、和解與恐懼循環

可能壓抑了必要的歷史記憶與心理轉化。心理學家指出，兒童若缺乏對家庭創傷經驗的語言解釋，將以幻想與罪惡感填補空白，導致扭曲自我觀與不穩定安全感。

因此，不談戰爭並不等於心理痊癒，反而可能使創傷以模糊、恐懼的形式長期存於下一代的無意識中，影響其情緒調節能力與對未來的希望建構。

戰爭遺緒與教育系統的潛在負荷

戰後兒童常於教育現場中表現出學習退縮、攻擊傾向或過度服從等行為。這些行為模式多數與家庭壓力、社會不安與情緒傳染有關。若教育系統缺乏心理專業支持，教師與家長將無法辨識其背後心理成因，進而使問題行為惡化。

許多先進國家如以色列、德國與克羅埃西亞已將戰爭心理創傷納入校園輔導機制，從幼兒園即開設創傷復原課程，協助兒童理解環境壓力並建立內在穩定性，這應成為戰後重建的基本工程之一。

重建下一代的心理韌性框架

心理韌性（psychological resilience）並非天生，而是可透過家庭、學校與社區共同塑造。重建戰後下一代心理健康的

關鍵策略包含：建立可說話的空間、賦予悲傷的正當性、提供正向榜樣，以及培養批判性思考能力。

這些設計不只是為了療癒創傷，更是在為未來可能面對的危機建立心理防衛機制。讓兒童能在理解中找到秩序，在混亂中建立信念。

下一代的內心，是戰後真正的國防線

克勞塞維茲雖專論戰爭，但其哲學意涵指出：「戰爭的影響不止於戰場，而在於它如何形塑整個民族的精神氣質。」

戰爭結束後，我們不能只重建城市與經濟，更要重建下一代的內心秩序。因為真正的國家安全，並非來自邊境防線，而是來自國民內心的和平與堅定。

第十二章　戰爭後的心理重建：信念、和解與恐懼循環

第三節　國族敘事如何安置戰爭創傷

【戰爭啟示錄】歷史的書寫方式，決定創傷是被治癒，還是繼續撕裂。

集體記憶與創傷敘事的交會點

戰爭創傷不只是個人的心理議題，更是國族集體記憶中的核心部分。根據專家研究，集體記憶是透過儀式、紀念、課綱與媒體敘事形塑的。當國家選擇以什麼方式記憶戰爭，便決定人民如何與創傷共處。

若創傷被壓抑或汙名化，受害者將被迫沉默；若創傷被誇張或政治化，則會引發新一輪的對立與仇恨。真正有效的創傷敘事，是讓受害者得以被看見、讓加害者得以承認錯誤、讓社會得以共同承擔痛苦。

英雄敘事與犧牲敘事的心理功能

多數戰後政權傾向以英雄敘事來彌補民心，將戰爭包裝為榮耀與勝利。但心理學指出，過度英雄化會壓抑哀傷與反

第三節　國族敘事如何安置戰爭創傷

思空間，使創傷無法轉化。

相對地，若能將「犧牲敘事」納入國族記憶，承認戰爭中的錯誤與代價，反而更能促進社會整合與心理修復。例如德國在戰後對納粹罪行的反省教育，長期建立了一種「責任感驅動的和平文化」，正是敘事策略轉向的結果。

儀式與紀念空間的心理意義

從心理學角度看，紀念碑、追思儀式與歷史博物館並非形式建設，而是國族創傷的心理容器。它們提供了一個讓情緒有出口的場域，也讓歷史有被回顧與重新詮釋的可能。

這些儀式化空間不只給予受難者尊嚴，也讓新世代能以安全距離接觸歷史，使創傷不再是一種禁忌，而是一種共同的記憶工程。

國族敘事與心理恢復的轉化機制

有效的國族敘事應具備三種心理功能：第一，提供解釋框架，讓民眾理解戰爭為何發生；第二，建立價值連結，使傷痛轉化為集體成長的基礎；第三，創造行動意義，將過去創傷與現在建設連結。

第十二章　戰爭後的心理重建：信念、和解與恐懼循環

如同南非「真相與和解委員會」所展現的策略：透過公開聽證、歷史對話與制度性回應，讓過去成為當下的起點，而非永遠的阻礙。

誰掌握敘事，誰就能重建人心

克勞塞維茲曾言：「戰爭的結果，不止決定於軍事勝負，更在於戰後能否重建秩序。」

國族敘事不只是歷史詮釋，更是一場心理重建的政治工程。唯有誠實面對過去，才能讓未來的社會穩定而強韌。歷史，是創傷的藥，也可能是刀；關鍵在於誰來說、怎麼說、為了什麼而說。

第四節
仇恨能不能被治癒？

【戰爭啟示錄】真正的勝利,是當仇恨無需再被繼承。

仇恨的心理學本質與戰爭遺緒

　　仇恨不只是情緒,而是一種深層認同的扭曲延伸。心理學家亞倫‧貝克(Aaron Beck)指出,仇恨通常源自長期無力感與創傷後的「敵意歸因偏誤」,即將痛苦的原因歸咎於特定他者,並以此建立自我價值的合理性。在戰爭結束後,這種心理模式常以族群、國族或意識形態為對象,形成「群體式仇恨」的延續性結構。

　　戰爭所遺留的仇恨,並不會隨戰事終止而自然消退,反而因為創傷的未解、死亡的未說、歷史的未審,使這些情緒代代傳遞、累積升溫。若無有效的心理與制度處理機制,仇恨將成為另一場潛在戰爭的種子。

第十二章　戰爭後的心理重建：信念、和解與恐懼循環

仇恨記憶的代際延伸與文化化現象

根據心理學家丹尼爾・巴森（Daniel Batson）的研究，個體會在面對不可承受的創傷經驗時，將情緒外投為一種防衛機制。當此投射成為集體常態，即形成代際仇恨文化。父母因戰爭失去親人或尊嚴，將未被治癒的痛苦，轉化為對敵方的警戒與否定，再透過語言、教育、紀念與宗教等方式傳遞給子女，創造出仇恨的文化循環。

這類「被教育出來的情緒記憶」極為頑固，因其深植於民族身分認同、歷史感與正義敘事中。一旦形成政治與心理上的結構性認可，便不再只是一種「感覺」，而是「立場」，甚至演變為國家戰略的一部分。

療癒的可能：理解、承認與關係重構

然而，仇恨並非不能治癒，而是需要進入高度困難的心理重建與社會互動歷程。根據約翰・保羅・萊德拉克（John Paul Lederach）在和平心理學領域的實務經驗，仇恨的癒合需歷經三階段：第一是「歷史理解」，讓創傷者能被理解且不再自我責備；第二是「錯誤承認」，由加害者或相關體系真誠面對過去；第三是「新關係建立」，透過共同行動重塑彼此間的信任與人性連結。

第四節　仇恨能不能被治癒？

在心理層面，這樣的重建意味著讓原先被敵視的「他者」重新回到「人」的框架中，從仇恨對象轉為理解對象。這是一場心理疆界的鬆動，需要時間、條件與安全的社會容器。

社會機制與心理治癒的共構策略

要治癒仇恨，僅靠心理引導仍嫌不足，必須結合制度性的敘事框架與社會機制。包括開放的真相調查、教育課綱的改革、公平的賠償體制與跨群體互動機會設計。這些結構設計提供了一個「可共處」的公共場域，使不同創傷群體得以參與、發聲與共同建構新社會。

例如北愛爾蘭和平進程中的「跨社群教育試驗」、盧安達社區法庭的「加卡卡制度」（Gacaca）與波士尼亞戰後「和平重述計畫」均展現了社會結構介入仇恨心理的有效路徑，儘管不完美，卻提供治癒的起點。

仇恨不是自然產物，而是政治與情緒的合謀

克勞塞維茲曾說：「戰爭之所以可怕，不只是暴力，而是它讓情緒合法化。」仇恨也是如此，它不是人類天性，而是經過長期情緒訓練與政治支持所形成的心理建構物。

第十二章　戰爭後的心理重建：信念、和解與恐懼循環

若仇恨可以被學習，它也可以被解除；若仇恨可以被制度維繫，它也能被制度轉化。問題不在於「是否能治癒」，而是「我們是否願意一起開始治癒的工程」。

第五節　南非、德國與盧安達：不同戰後心理治理模式比較

【戰爭啟示錄】戰爭可能無法預防，但創傷能否癒合，取決於治理方式。

制度選擇決定心理修復的可能性

戰後社會的心理重建不只是創傷療癒的過程，更是政治選擇的結果。不同國家如何設計治理架構、處理歷史真相與定義集體記憶，將直接影響人民面對創傷的方式。制度若忽視情緒與記憶的處理，就容易讓仇恨與創傷潛伏成未來的社會衝突。

南非的真相與和解委員會：制度化的情緒出口

南非在種族隔離制度結束後成立「真相與和解委員會」（TRC），讓加害者與受害者在公開聽證中互動。此制度不以懲罰為核心，而是促進理解與承認。心理學家指出，TRC 的最大意義不在法律正義，而是集體情緒的釋放。

透過講述與傾聽，南非創造了全社會的心理排毒機制。

第十二章 戰爭後的心理重建：信念、和解與恐懼循環

雖仍有爭議與不滿，但此舉確實穩定了過渡期的政治情緒，為和平共處提供心理基礎。

德國的教育系統與文化記憶重塑：從罪感到責任感

二戰後的德國並未試圖掩蓋納粹歷史，而是透過教育與文化重建，一步步導入全民對錯誤的反思與學習。心理學家指出，這種由「內在罪感」轉化為「對未來的責任感」，正是德國心理重建的成功關鍵。

紀念碑、電影、學校課綱與公共辯論共同塑造了一種持續反省的文化氛圍，使戰後德國的和平並非出於遺忘，而是出於警醒。

盧安達的社區法庭：地方情緒的現場修復

面對 1994 年百萬人規模的大屠殺，盧安達選擇恢復傳統的「加卡卡法庭」（Gacaca Courts）作為處理創傷與重建社會的方式。這些社區層級的半正式法庭由當地居民主持，讓加害者公開懺悔、受害者見證，並共同參與審理過程。此機制旨在促進真相揭露與社區和解，回應心理學中關於創傷後恢復社會連結的需求。

第五節　南非、德國與盧安達：不同戰後心理治理模式比較

　　心理學研究指出，雖然加卡卡法庭的程序可能不夠完善，但它提供了一個平台，使創傷者不再孤立，並促進社區成員之間的重新理解與信任建立。然而，也有研究發現，對於某些參與者而言，公開作證可能導致再度創傷，特別是在缺乏專業心理支持的情況下。

治理創傷，就是治理未來的社會穩定

　　克勞塞維茲認為戰爭是政治的延續，今日我們則應補充：「戰後心理治理，是和平的開始。」無論是南非的聽證儀式、德國的歷史教育、或盧安達的社區法庭，它們共同的本質，是將痛苦帶入公共空間，讓情緒有出口，讓記憶有位置。

　　一個國家若忽視這些心理治理工程，等同讓創傷悄悄埋地而長出仇恨的根。真正穩定的和平，來自於讓人民能夠有尊嚴地記得、理解與說出那些傷口。

第十二章　戰爭後的心理重建：信念、和解與恐懼循環

第十三章
群體為何甘願赴死？
群體心理戰的六大機制

第十三章　群體為何甘願赴死？群體心理戰的六大機制

第一節
群體認同的心理擴張效應

【戰爭啟示錄】一個人可以懼怕死亡，但當他融入群體，恐懼會化為狂熱，甚至渴望犧牲來證明忠誠。

群體心理的變形效應

在《戰爭論》中，克勞塞維茲強調：「戰爭是群體意志的延伸，群體的信念與動能會放大每個個體的行動傾向。」這句話指出了一個被忽視卻極為關鍵的現象——當人置身於群體之中，其思考方式、情感經驗乃至行動模式，都會發生變化。心理學家古斯塔夫・勒龐（Gustave Le Bon）早在十九世紀便在其著作《烏合之眾》中提出，群體會讓人失去自我，進而出現「心理擴張」的現象，個體的恐懼、理性與道德判斷會被稀釋甚至消失，取而代之的是一種來自群體認同的強烈情緒投射與行為一致性。

這種變形效應在軍事心理戰中被廣泛利用。士兵不再只是為了生存而戰，而是為了所屬的軍隊、族群，甚至國家而甘願赴死。當「我們」這個字眼開始取代「我」，個體便踏上了通往極端犧牲的心理通道。

從「我」到「我們」的認同進化

社會認同理論（Social Identity Theory）由亨利‧泰菲爾（Henri Tajfel）提出，指出人們會藉由群體認同來建構自我價值。換言之，當個體將自我融入群體，他的行動便不再僅是基於個人利益，而是基於群體的榮辱觀。

心理戰操作群體認同，最典型的方式之一，便是使用「英雄敘事」與「敵我分明」的框架。例如：美軍在二戰期間廣泛使用「為自由而戰」的敘事模式，不僅塑造出士兵身上的崇高使命感，也同時讓敵人「去人性化」，轉化為一個需要消滅的「他者」。同理，基地組織與伊斯蘭國在招募自殺攻擊者時，也極度強調「我們是被壓迫的群體」，透過敘事強化「我們」的正義性與神聖性，甚至承諾死後的天國獎賞，從而讓個體放棄自我保存的本能。

擴張認同的五個心理工具

在現代戰爭與激進運動中，擴張群體認同的工具五花八門，但最常見的有五種：旗幟、口號、儀式、故事與象徵人物。

第十三章　群體為何甘願赴死？群體心理戰的六大機制

1. 旗幟與符號

象徵物能快速激活群體記憶與情緒。無論是納粹德國的卐字旗，還是烏克蘭獨立運動中的藍黃國旗，都具有將群體意識具象化的功能。

2. 口號與標語

簡短有力的口號如「Glory to Ukraine」（榮光歸烏克蘭）、「Allahu Akbar」（真主至大）不只是語言，更是一種集體情緒的載體。

3. 儀式與行動

升旗典禮、集體祈禱、軍隊訓練等儀式行為，不只強化身體記憶，也重新構築心理認同。正如心理學家菲利普・津巴多（Philip Zimbardo）在史丹佛監獄實驗中所發現，儀式感具有塑形與馴化意識的強大力量。

4. 群體故事

故事能跨越語言、文化與教育程度的限制。無論是猶太人對大屠殺的集體記憶，還是越戰退伍軍人之間的戰場傳說，都會加深彼此的群體紐帶。

5. 象徵人物

群體往往透過英雄或烈士來對集體價值進行個人化。比方說，越南戰爭中的黃文樞，或是烏克蘭總統弗拉基米爾·澤倫斯基，皆成為戰時群體認同的具象代表。

現代案例：烏克蘭全民動員的心理動能

2022 年俄烏戰爭爆發後，烏克蘭出現一種罕見的全民戰鬥動員現象。從總統到農夫，從資訊工程師到退休老人，紛紛投入戰爭，不少甚至甘願以肉身抵抗坦克。這種「自願赴死」的精神，其根本動因便是強大的群體認同擴張機制。

澤倫斯基並非僅靠職位領導，而是將「烏克蘭人」這個身分重新定義為「為自由與家園而戰的榮譽身分」。在其公開演說中反覆出現「我們不會放棄我們的家」、「我們是烏克蘭人」等語句，不斷強化烏克蘭作為一個民族共同體的心理邊界。當身分認同強烈到超越個人安危，死便不再是恐懼來源，而成為一種貢獻的榮耀。

戰爭心理學家指出，烏克蘭模式展現的是「高度壓縮式群體認同擴張」，即短時間內快速凝聚認同的心理現象，這類群體的行動力將遠超個體理性計算。

第十三章　群體為何甘願赴死？群體心理戰的六大機制

群體認同操控的兩難與風險

然而，這種強烈的群體認同也可能走向極端。當「我們」的範疇被過度擴張，而「他們」的範疇被過度貶抑，就可能導致族群仇恨、宗教對立乃至種族清洗。1994年盧安達大屠殺中，胡圖族以「我們是受害者」的敘事強化自我群體認同，並將圖西族去人性化，最終導致百萬人喪生的悲劇。

因此，群體認同一旦成為心理武器，其後果便不可逆轉。現代戰爭與心理戰的操作者，若未能設計出口，將自己綁死在「敵我對立」的戰略敘事中，則整個社會會變得僵固、仇恨與報復永不止息。

這也正是《戰爭論》中所提的：「最危險的戰爭，不是敵人造成的，而是我們自身信念的僵化與無限擴張。」

第二節
群體情緒的共振與心理感染

【戰爭啟示錄】當群體的情緒被點燃，理性就像落葉般脆弱，任由情緒的風暴擺布。

情緒共振的戰場力量

克勞塞維茲在《戰爭論》中曾寫道：「戰場上最不可預測的，不是武器，而是情緒的傳染力。」這句話指出了戰爭中一個鮮少被深入探討的面向──情緒作為一種社會能量，其傳染與擴散的速度與影響力，往往遠勝過軍事命令與戰略計畫。特別在群體中，情緒會如同聲波一樣產生「共振」，使原本個體的恐懼、憤怒、狂熱等情緒被放大成為整體行動的驅力。

在心理學上，這類現象被稱為「情緒感染效應」（Emotional Contagion），由心理學家伊蓮・哈特菲爾德（Elaine Hatfield）等人提出。當人們置身於群體中，會潛意識模仿他人的表情、語氣與肢體語言，進而內化他人的情緒，使整個團體快速進入相同的情緒頻率。例如：一個士兵目睹同袍被炸死後的驚恐，可能瞬間在整個小隊中蔓延，導致全員陷入極度緊繃與反擊衝動。

第十三章　群體為何甘願赴死？群體心理戰的六大機制

媒體與訊息如何放大情緒風暴

現代戰爭中的心理戰與宣傳策略，極大程度上利用了情緒共振的特性，特別是透過媒體與社群平臺的加速器效應。以 2023 年以巴衝突為例，當以色列南部遭到哈瑪斯攻擊，社群平臺上短時間內湧現大量屍體影像與哀號聲影片，這些影像在全球引發群體性的震怒與悲憤，進而強化了各自陣營對立的群體情緒共識。

這種情緒風暴不只是附帶效應，而是心理戰的一環。許多軍事或政治操作者，會故意「點火」某一情緒，如透過播放戰爭暴行、散布難民哭泣影像等方式，使觀眾進入「高情緒共鳴狀態」，從而喪失理性判斷與批判思考能力。

心理學家保羅・艾克曼（Paul Ekman）在其研究中指出，人類在接收到情緒性影像時，大腦的杏仁核會迅速啟動，這種原始的「情緒雷達」反應，會在 0.2 秒內影響個體的決策傾向。因此，當媒體訊息大量情緒化，其影響力幾乎無可抵擋，尤其是在群體處於危機或混亂時期。

軍隊內部的「情緒格式化」訓練

為了避免情緒感染在戰場上失控，現代軍隊往往進行所謂「情緒格式化」的訓練。這類訓練的目的，不是抹去情緒，

第二節　群體情緒的共振與心理感染

而是讓士兵在高度情緒環境中保持可控與一致的情緒表現。

以美國海豹部隊（Navy SEALs）為例，其訓練中著重於「心率變異控制」與「情緒環境模擬」，透過高壓模擬槍戰、模擬同袍死亡現場等訓練，迫使士兵學習在極端情緒刺激下依舊做出邏輯判斷。這是一種「情緒再編碼」工程，也是一種抗情緒共振的心智盔甲。

反之，一些極端組織則利用負面情緒共振，作為洗腦與動員的手段。例如塔利班會讓新兵反覆觀看盟軍空襲畫面，伴隨烈士的家屬哭喊與悲愴樂聲，以強化仇恨與報復情緒，進而植入「為家園復仇」的行動程式。

群體儀式中的情緒催化與控制

在多數戰爭與政治運動中，群體儀式往往是情緒共振的最佳舞臺。歷史學者艾瑞克・霍布斯邦（Eric Hobsbawm）在《想像的共同體》（*Imagined Communities*）中提到，國家會透過「創造傳統」來建立情感連結。這些「傳統」常以群體儀式呈現，如升旗典禮、軍禮葬儀、勝利閱兵等，透過集體參與與情境氛圍，引發大規模情緒同步。

以北韓為例，其閱兵儀式中數萬名士兵與民眾同步喊口號、流淚歌唱「敬愛的元帥」，這不只是政治表演，更是一場

第十三章　群體為何甘願赴死？群體心理戰的六大機制

深度的情緒催化儀式。每一次的流淚與激動，都是群體情緒被格式化與操縱的結果。而這種「編制式情緒訓練」正是情緒感染效應在群體中持續擴大的關鍵。

情緒感染的脆弱點與逆轉策略

儘管情緒感染具有極強的傳播性與行動驅動力，但其同時也存在脆弱點。一旦出現與既定情緒不符的事件或人物，就可能導致群體情緒的崩解。例如：在 2022 年俄羅斯宣布部分動員後，俄羅斯各地爆發了大規模的反戰與反徵兵抗議活動。其中，士兵的母親和妻子在抗議中扮演了關鍵角色。例如，在達吉斯坦首府馬哈奇卡拉，數百名女性走上街頭，高喊「我們的孩子不是肥料！」等口號，抗議政府的動員令。這些抗議活動的影像在社群媒體上廣泛傳播，激發了更廣泛的反戰情緒，並引發了對政府政策的質疑與反思。

因此，心理戰中的反向操作常會鎖定情緒傳播的節點，注入「破壞性敘事」或「質疑式訊息」。這些訊息不需要邏輯完備，只要能挑動情緒中的不安與矛盾，就可能引發「情緒失調」（emotional dissonance），進而產生自我反省與行為中止。

這也說明了，在群體情緒共振的場域中，真正具備戰略價值的，不是最強烈的情緒，而是最容易讓情緒轉向的節點——也就是「可以讓群體冷靜下來的那一句話」。

第三節
羞辱與復仇的心理驅動力

【戰爭啟示錄】沒有比羞辱更能喚起戰爭動能的情緒，復仇便是羞辱的政治實踐形式。

羞辱如何成為戰爭動機

在《戰爭論》中，克勞塞維茲曾說：「戰爭的根源，不僅在於物質衝突，更深埋於榮譽與羞辱的心理衝突中。」這句話點出了戰爭心理的另一面：當一個群體認為自己遭到侮辱或貶抑，便會產生集體性的「復仇情結」，而這種情緒將成為超越理性的行動推力。

羞辱（humiliation）在心理學中被視為一種極度破壞個體與群體自尊的經驗，其核心特徵是「被迫接受自己低於對方的地位」，並公開顯露這種失尊感。一旦羞辱被內化為集體經驗，便不再是個人感受，而是轉化為「群體正義尚未伸張」的象徵，最終形塑出一種「歷史復仇任務」的正當性邏輯。

第十三章　群體為何甘願赴死？群體心理戰的六大機制

從猶太大屠殺到以色列建國的歷史記憶

歷史上最具代表性的羞辱與復仇轉化機制，莫過於猶太民族於 20 世紀遭受納粹大屠殺（Holocaust）之後的集體反應。數百萬猶太人被剝奪人權、遭受屠殺、集中營中飽受非人對待，這段歷史創傷不僅成為個人記憶，也被強化為「民族恥辱」的象徵。

當以色列於 1948 年建國後，其軍事體系與全民服兵役制度，便植基於這段「不能再受辱」的集體情緒上。每位以色列士兵從訓練開始，就會被反覆灌輸「我們無法承受第二次大屠殺」的觀念，因此捍衛國家不再只是國防義務，更是一種「恢復尊嚴」的情感使命。這種羞辱－復仇轉換結構，也強化了以色列在中東長期高壓軍事態勢中的集體認同與社會凝聚。

群體記憶如何構建復仇邏輯

心理學家詹姆斯·W·潘尼貝克（James Pennebaker）指出，創傷性歷史記憶若被群體共同記錄與再現，便會進入「情緒再社會化歷程」，也就是歷史情緒成為現代行動的參照基礎。這種現象在許多被殖民、被壓迫的民族中尤其明顯。

以越南為例，從法國殖民到美國介入，越南人民長期在「被侮辱者」的位置上建立了強烈的民族自我敘事。胡志明在

第三節　羞辱與復仇的心理驅動力

民族獨立運動中曾公開說:「我們不是為了戰勝敵人而戰,而是為了讓子孫不再低頭。」這類語言,就是將歷史羞辱轉化為復仇動能的核心語彙。

此外,韓國對於日本殖民歷史與慰安婦問題的長期記憶,也在國內教育與媒體中反覆被喚起,構築出一種跨世代的「歷史傷痕共同體」。這不僅維繫了國內的民族認同,也在外交與軍事立場上提供了復仇正當性,例如 2019 年韓國終止與日本的軍事情報保護協定,便是在民意支持下進行的「羞辱回應」。

當羞辱被制度化:復仇組織的生成邏輯

更進一步的,當羞辱被制度化、成為行動組織的核心敘事時,便會出現一種以復仇為核心任務的軍事與政治組織。例如:黎巴嫩真主黨 (Hezbollah) 便是一個典型案例。該組織於 1982 年以色列入侵黎巴嫩後迅速崛起,其核心訴求就是「為過去的恥辱報仇」,而這個「恥辱」涵蓋了戰爭傷亡、平民受屈與伊斯蘭尊嚴被踐踏等多重情緒元素。

這種組織往往透過「烈士敘事」與「報仇承諾」來動員成員。例如:在每一位自殺炸彈客死後,真主黨會為其舉辦「烈士慶典」,不僅家屬獲得榮耀與資助,更會被賦予「用生命洗刷族群恥辱」的正義光環。久而久之,羞辱與復仇不再只是情緒,而是制度內部運作的驅動邏輯。

第十三章　群體為何甘願赴死？群體心理戰的六大機制

現代心理戰中的「選擇性羞辱策略」

進入 21 世紀後，羞辱與復仇不再只是戰爭的結果，也被當作心理戰的前置武器。許多政府或非國家行動者會刻意製造「羞辱場景」，以激起群體的復仇心理。

例如：敘利亞內戰期間，阿薩德政府與伊斯蘭國都曾利用公開處決影片、殘暴行刑錄影等方式進行心理戰操作。這些影像不只是為了恐嚇敵人，更是故意挑動對方群體的情緒，使其陷入「被羞辱」的感受，進而激發報復性反應，陷入無休止的復仇循環。這種策略被心理學家稱為「挑釁性羞辱策略」，屬於一種情緒觸發武器。

在烏俄戰爭中，也有相似操作。烏克蘭一度公開展出被俘俄軍的錄影，引發俄國媒體強烈反擊與輿論報復訴求。這種「羞辱交換」雖然能激起群體的戰鬥意志，但也可能導致戰爭升級與行動失控，是極為危險的心理操作模式。

面對羞辱，是否只能以復仇應對？

在眾多復仇敘事中，也有一種反思性的聲音出現。哲學家瑪莎・努斯鮑姆 (Martha Nussbaum) 在《憤怒與寬恕》(*Anger and Forgiveness*) 一書中指出，復仇雖可在短期內滿足正義感，但長期而言會陷入永無止境的情緒泥沼。她主張應以

第三節　羞辱與復仇的心理驅動力

「轉化式正義」(transformative justice)取代報復邏輯,透過公開記憶、真相揭示與情緒重構,讓羞辱經驗轉化為學習與建構的材料,而非暴力循環的燃料。

這也提醒我們,在戰爭心理的操作中,羞辱與復仇雖是最原始、最有力的武器,卻也是最容易失控的火焰。真正高明的心理戰,不是將群體拖入羞辱,而是懂得如何在羞辱中建立出一種新的尊嚴與行動意義。

第十三章　群體為何甘願赴死？群體心理戰的六大機制

第四節
死亡被神聖化的意識形態工程

【戰爭啟示錄】最強大的戰爭動能，不是武器與補給，而是信仰所賦予死亡的神聖性。

將死亡轉化為榮耀的心理轉換

克勞塞維茲在《戰爭論》中明言：「死亡若被賦予意義，就不再只是失去生命，而是完成某種偉大目標。」這句話揭露出戰爭動員中最危險、也最有效的心理技術之一 —— 將死亡神聖化。當死亡不再是終點，而是通往永恆、價值或救贖的通道時，個體願意為信仰、國族、領袖或正義而犧牲的意願便會極度提高。

心理學家歐內斯特・貝克爾（Ernest Becker）在《死亡否認》（*The Denial of Death*）一書中指出，人類對死亡的恐懼若未經轉化，會形成壓抑與逃避的焦慮狀態；但若透過文化、宗教或意識形態賦予死亡崇高意義，個體便能產生「象徵性永生」的信念，進而超越生死的本能恐懼，投入高風險甚至自毀性的行動中。

第四節　死亡被神聖化的意識形態工程

這種「死亡神聖化」策略，正是現代戰爭中心理戰與意識形態工程的核心手段之一。它不只是精神動員，更是一種死亡心理的再塑造與社會制度的正當化過程。

殉道敘事如何建立死亡神話

當代許多極端主義組織與民族主義國家，皆以「殉道敘事」構築死亡的神聖性。此敘事往往具有以下幾個關鍵特徵：

- 將死亡與超越現實的目的綁定：如「為信仰而死將獲得永生」、「為國捐軀將進入英雄殿堂」。
- 將個體犧牲轉譯為群體得救：如「你之死換來我族之生」、「你犧牲的不是自己，是為未來贖罪」。
- 透過語言、視覺與儀式鞏固敘事：如詩歌、烈士牆、殉國音樂、英魂再生影片等。

以伊斯蘭國（ISIS）為例，其宣傳影片常出現士兵步入戰場前，接受「聖戰鼓舞」與「上天堂之約」的鼓舞儀式，並配上經文與史詩配樂。這些影像設計，目的不只是動員，更是在強化一種信念——死亡不是終結，而是勝利的起點。

而在伊朗革命衛隊的烈士教育課程中，會詳細講解如何將死亡視為「革命進程中最閃耀的結局」，學校牆上張貼著烈士肖像與最後語錄，學生從小便接受「為革命而死是一種榮

第十三章　群體為何甘願赴死？群體心理戰的六大機制

耀」的社會潛意識。這種教育方式，其實是「死亡神聖化」的社會化訓練系統。

臺灣白色恐怖與「反共烈士」的象徵政治

即便在民主社會中，死亡神聖化的意識形態工程亦曾存在。以臺灣早期威權時期為例，政府曾設立「反共烈士紀念碑」、「英烈祠」等象徵性設施，並於教科書與官方活動中宣傳「為國犧牲者精神永存」。在白色恐怖期間，一些因政治審判遭處決的軍人與情報員，亦被政府塑造成殉道者角色。

這些案例表明，即使在非宗教體系中，只要透過符號操作與敘事管理，死亡都能被形塑成一種崇高價值，進而成為維繫政權正當性與社會凝聚的工具。

然而，這類殉道敘事的長期運作，也可能產生副作用。隨著社會轉型與價值重構，過去被神聖化的死亡也可能被重新解釋為操弄、虛假或洗腦。例如近年臺灣轉型正義過程中，許多過去被塑為烈士的案例，如今被還原為政治受難者，這顯示神聖化死亡的敘事具有時間性的脆弱性。

第四節　死亡被神聖化的意識形態工程

烏克蘭的「死亡敘事轉化」實戰應用

2022年起的俄烏戰爭提供一個更為現代的例證。烏克蘭政府並未將所有陣亡者形塑為「烈士」或「超凡英雄」，而是選擇以「真實又崇高」的方式描繪死亡。官方會公開陣亡者的家庭故事、戰前志願、遺願信件，甚至展出他們的興趣與生活照，讓社會看到這些人不是抽象的戰爭符號，而是活生生的人。

這種做法反而更強化了死亡的「社會共鳴」，使整體國民在哀悼中產生共感與集體動員。心理學家喬納森・海特（Jonathan Haidt）在其道德情緒理論中提到，悲憫與敬意能同時被觸發時，會引發社會道德動能，形成「為共同價值而行動」的心理觸發點。

烏克蘭透過真實性與情感性並存的死亡敘事，不僅完成了死亡神聖化的轉化，也避免了意識形態過度包裝帶來的社會反感，是一種極具現代感的死亡意識形態工程。

將死亡變成動能：心理戰的極限挑戰

當死亡不再是懲罰，而是一種目標與獎勵，整個戰爭的心理戰格局便會被徹底顛覆。這正是自殺攻擊與殉道行動得以存在的心理基礎。例如：在巴勒斯坦地區，一些青少年在

第十三章　群體為何甘願赴死？群體心理戰的六大機制

接收多年來「為國為民犧牲者最光榮」的教育後，面對家庭困境與社會失望，會選擇自願加入哈瑪斯或伊斯蘭聖戰組織，參與自殺式攻擊，其心理並非純粹出自仇恨，而是追求榮耀與意義的動機。

這種心態在戰爭中極難破解，因為其不再以理性為行動基礎，而是由情感與信仰構築起來的「心理護盾」。面對這種戰略等級的死亡神聖化操作，現代國防與心理防衛的關鍵策略，不在於「阻止死亡」，而是「阻止死亡被誤用」。

正如哈佛心理學者史蒂芬・平克（Steven Pinker）在《人性中的良善天使》中所說：「唯有提供替代意義的社會敘事，才能中和死亡被濫用為行動正當性的風險。」這也是民主國家在應對極端主義與宗教暴力時，必須正視的心理戰核心。

第五節
軍隊內部的制度性心理強化

【戰爭啟示錄】士兵不是因為命令而戰,而是因為制度讓他相信他必須戰。

軍事制度如何形塑心理認同

在《戰爭論》中,克勞塞維茲認為:「軍隊不是純粹的武裝人群,而是一種以組織、紀律與價值所構成的戰鬥機器。」這句話揭示了軍事制度的本質,其核心不僅是戰術與裝備,更是一種心理建構工程。軍隊制度的設計目的之一,便是將個體的自我抹平,重建一種群體性人格,讓「服從、榮譽、犧牲」這些理念深植心中,甚至內化為下意識行動。

制度性心理強化(Institutional Psychological Conditioning)是一套長期、重複、系統化的心理訓練與情境模擬,透過規範、儀式、同儕壓力與角色重塑,使個體行為與情感完全整合進軍事邏輯中。

這種制度化的心理調整,不是臨時性的精神喊話,而是一種滲透生活細節、從言語、衣著到睡眠都全面規訓的

第十三章　群體為何甘願赴死？群體心理戰的六大機制

工程。當制度深刻塑造人的行為與認知後，個體對死亡的抗拒、對痛苦的感知乃至對命令的反射反應都會發生劇烈變化。

基礎訓練營：從解構自我到重建身分

最明顯的心理強化起點，即在軍隊新兵訓練期。許多國家的基礎軍事訓練都遵循類似的架構：隔離環境、時間控制、語言統一、服裝標準化、集體作息、情緒測試與懲罰機制等。

例如：美國陸軍的基礎訓練營會刻意將新兵與外界完全隔離，每天早上以高強度跑步、喊口號、強迫打掃與分秒不差的作業時間安排，讓新兵無法依賴原本的行為模式與價值系統，只能在壓力中學習適應新的行為規範。

心理學家亞伯特・班度拉（Albert Bandura）在社會學習理論中提到：「當個體進入一個高度一致且具強制性環境時，他會傾向模仿權威與多數行為，進而自我調整心理與道德判準。」這說明了軍隊訓練的本質，就是先拆解舊有自我，再以軍事倫理與認同重新建構。

而在這個過程中，「怕死」不再是一種自然反應，而是一種可被管理與再定義的情緒。例如美國陸戰隊常說：「我們不訓練你不怕死，而是訓練你在怕死時知道怎麼戰鬥。」

第五節　軍隊內部的制度性心理強化

榮譽制度與同儕壓力的雙重控制

在制度設計上，多數軍隊都設有「榮譽體系」，包含徽章、升遷、公開表揚、烈士紀錄等獎勵與象徵制度。這些制度不僅強化正面行為，也產生一種「不能失去榮譽」的心理機制，使士兵即使面對生死抉擇，仍傾向選擇服從與奮戰。

以以色列國防軍為例，其戰鬥精神核心被稱為「羅哈爾精神」（Ruach Tzahal），即「團隊精神、責任、捍衛國家」三大價值。每位士兵若違背此精神，不僅會遭處分，還會在群體中喪失尊重。這種集體道德壓力，讓士兵形成強烈的責任與內疚感，進而推動自我約束與冒險行為的合理化。

同儕壓力（Peer Pressure）在軍事環境中更為極端。戰地心理學研究發現，士兵在面臨交戰時，真正影響他是否進攻的動力，常常不是命令或信念，而是「不能讓同袍失望」。這也說明為何軍隊中的「戰友情」常超越個人利益，甚至形成「為隊友而死」的行為模型。

心理戰中，制度如何鞏固「赴死」的合理性

在心理戰的框架中，軍事制度的功能遠超過訓練與指揮。它是一種深層的認知設計系統，透過儀式化、標準化與層級責任，將生死決策從個人情緒中抽離，使行動變得「可

第十三章　群體為何甘願赴死？群體心理戰的六大機制

以不經思考地執行」。

當戰場進入極端狀態——如彈藥耗盡、通訊斷絕、遭敵包圍等情境，若缺乏制度性心理支持，個體往往會陷入逃避、解離、乃至潰散。但軍事制度的設計，正是在此刻發揮作用：它不僅提供「可參照的行為腳本」，更透過集體訓練與預設語境，將「留守」、「犧牲」等選項從情緒選擇轉化為職責履行。

例如在歷次現代戰爭中，不乏小部隊在無援狀態下仍選擇掩護主力撤退、銷毀裝備或留下戰地記錄，這些行動往往被視為體現軍隊核心價值的「典範事件」。這種決策邏輯的產生，並非源自個人情感強度，而是制度性認同與心理預備的結果。

這就是制度性心理戰的終極目標：讓人在極度危難中，依然相信「這樣做是對的」，而且能無須思索地執行。它不單純是服從的展現，更是一種深植於認知結構中的行動信仰。

日本自衛隊與制度化「不戰即備戰」的現代思維

不過，值得注意的是，並非所有軍隊的制度性心理強化都以「赴死」為導向。在日本自衛隊的訓練體系中，強調的是「心理韌性」與「準備好但不主動」。雖然憲法限制其進攻性

第五節　軍隊內部的制度性心理強化

軍事行為,但自衛隊仍發展出一套高度制度化的戰鬥心理訓練,特別是「災難救援心理適應模組」,讓士兵能夠在災害現場中保持冷靜、保護群眾並自我調整。

這套訓練體系反映出另一種制度性心理強化形式——以非戰為形式,以強化心智為本質,讓軍隊成為社會安定的壓艙石,而不只是戰場的犧牲者。

從「可戰」到「能死」的制度設計邏輯

整體而言,軍隊內部的制度性心理強化是一場看不見的工程,卻是戰場上最具決定性的因素之一。它不僅讓士兵能夠戰鬥,更讓他們相信——即使死亡,也是一種任務完成的形式。

從心理學角度來看,這種設計令人敬畏,但同時也充滿倫理挑戰。我們必須問自己:當制度能讓人心甘情願赴死時,它是否也能讓人更珍惜生命?這正是現代軍事心理學與戰爭倫理學中,最值得深思的課題。

第十三章　群體為何甘願赴死？群體心理戰的六大機制

第十四章
戰爭的謊言:
操縱現實的心理戰工具箱

第十四章　戰爭的謊言：操縱現實的心理戰工具箱

第一節　操作認知失調：讓人懷疑真實的心理策略

【戰爭啟示錄】操控人的最佳方法不是說服他相信你，而是讓他懷疑他自己所相信的一切。

認知失調的戰爭應用背景

在戰爭與政治衝突中，讓敵人相信錯誤的訊息固然有效，但比這更具殺傷力的，是讓他連原本相信的事實都開始懷疑。這便是現代心理戰中被廣泛應用的核心概念之一：「認知失調」（Cognitive Dissonance）。

美國心理學家利昂・費斯汀格（Leon Festinger）於1957年首次提出這個概念，指的是當一個人的信念與行為、訊息或經驗產生衝突時，會引發強烈的心理不適，進而促使他改變態度或重新解釋現實來減輕不適感。在戰爭語境下，這種心理反應若被刻意設計與放大，便成為極具穿透力的心理武器。

克勞塞維茲雖未使用「認知失調」一詞，但在《戰爭論》中提到：「真正的勝利，是讓敵人在思想上先行崩潰。」這句話直接對應到現代心理戰的實務：與其強迫對方接受新真相，不如摧毀他對既有真相的信任感。

第一節　操作認知失調：讓人懷疑真實的心理策略

認知模糊化：製造「不知道相信誰」的戰場

認知失調的操作，並非直接給予一個對立的事實，而是藉由「資訊干擾」與「認知模糊」來破壞個體的判斷基準。以2014年俄羅斯入侵克里米亞為例，俄方在發動軍事行動前並未直接宣戰，而是先透過大量模糊訊息干擾烏克蘭與西方輿論，例如「這是克里米亞人民自願要求併入俄國」、「我們只是支援地方安全」，甚至對入境軍人身分進行否認（即所謂的「小綠人」）。

這種策略的目的是不讓敵人立即確定自己的行動是針對「入侵」，而是陷入一種「似乎是、但也可能不是」的認知模糊。當群體無法界定現實狀態，便會產生無力感與混亂，進而選擇消極反應。

這正如費斯汀格所指出的：「認知失調不會立刻產生反抗，反而傾向導致逃避與順從。」在心理戰中，模糊真相比單一謊言更有殺傷力。

利用認知衝突進行心理顛覆

認知失調的策略並非只有資訊層面的運作，更可進一步延伸至情感與價值層次。心理戰的進階手法之一，是設計出「認知衝突點」，讓受眾在道德與現實之間發生內部矛盾。

第十四章　戰爭的謊言：操縱現實的心理戰工具箱

例如：伊拉克戰爭期間，美國媒體不斷重複報導薩達姆政府藏有大規模毀滅性武器（WMD），而且這些報導多來自所謂「情報單位」或「退役高階軍官」。然而，當戰爭爆發後始終未能發現 WMD，許多支持戰爭的美國人出現心理上的自我矛盾：如果戰爭理由是假的，那麼我們是錯的嗎？我們是侵略者嗎？

為了減少這種心理痛苦，多數人選擇相信替代理由（如「推翻獨裁是正義」）或轉移焦點（如「我們支持軍人不是支持政府」），這種現象正是認知失調所導致的「防衛型再詮釋」。

心理戰設計者若能掌握這種人性特質，就能透過操作矛盾訊息與選擇性刺激，讓受眾在「懷疑—防衛—重建認知」的循環中，自行完成心理上的屈服。

親俄假訊息與「鏡像現實」操作法

2022 年以來，俄羅斯對烏克蘭的資訊戰擴及全球，其最具特色的認知戰術便是「鏡像操作」（Mirror Strategy）：用同樣的語言與邏輯反控對方。例如：當烏克蘭指控俄軍攻擊平民，俄方媒體即回應是「烏軍自導自演」，當烏克蘭控訴假訊息干擾選舉，俄方則指「西方操控資訊」。

這種鏡像操作的關鍵不在於誰說真話，而是使人覺得「兩邊都在說謊」，從而產生一種「真相不可知」的無力感與焦

第一節　操作認知失調：讓人懷疑真實的心理策略

慮感,最終選擇退出公共判斷,任由控制者填補空白。

心理學家丹尼爾·康納曼(Daniel Kahneman)在《快思慢想》中提到:「人類有『認知吝嗇者』傾向,一旦面對複雜與矛盾資訊,傾向簡化思考或完全放棄思考。」這正是鏡像操作的致命吸力——它不必證明你錯,只要讓你覺得「也可能錯」。

個體如何面對認知失調的戰爭

雖然認知失調是心理學上的自然現象,但並非無法防範。在軍隊、記者與高風險環境中,會透過三種方式減緩這類心理侵襲:

1. 建立一致性訓練

如媒體識讀、認知操控辨識課程,使個體對資訊來源與邏輯矛盾有自動警覺。

2. 多源資訊比對機制

訓練士兵與民眾在面對衝突訊息時,不只依賴單一管道,而透過「交叉印證」來降低誤判風險。

第十四章　戰爭的謊言：操縱現實的心理戰工具箱

3. 心理復原力建構

透過團隊支持、價值明確化與情緒釋放方式，幫助個體在面對真相與信念衝突時維持穩定。

此外，民主社會的資訊公開與言論自由，也是對抗認知失調操控的基石。當人能夠公開質疑、討論與查證，認知模糊空間就會縮小，心理戰便難以有效運作。

認知就是戰場，懷疑就是武器

回顧這一節所分析的心理戰手法，我們不難發現，「讓人懷疑現實」往往比「讓人相信謊言」更具破壞力。因為一旦個體對世界的基本認知崩塌，他將失去做出判斷與行動的能力，最終只剩服從與逃避兩條路。

戰爭從未只是飛彈與士兵的對抗，更是一場對人類心智結構的挑戰。當我們面對現代戰場時，不僅要問：「敵人是誰？」更要問：「我們還相信什麼？」

第二節　從謠言到信念：假訊息的滲透與強化機制

【戰爭啟示錄】謊言若重複千遍，就不再是謊言，而是成為一種真理的替代品。

謠言為何能滲透心智？

戰爭從來不只是軍事行動的對抗，更是敘事的爭奪。謠言之所以在戰爭中特別有效，是因為它符合三種心理需求：簡單易記、情緒動員與群體歸屬。心理學家高爾頓‧奧爾波特（Gordon Allport）早在 1947 年即提出「謠言三要素理論」，指出謠言會在資訊模糊、情緒高度與社群緊密三種條件下迅速擴散。這三要素，在戰爭中的每一個角落都隨處可見。

當敵我分明、恐懼蔓延且通訊管道混亂時，人類會傾向接受任何能提供「解釋」的訊息，即使這些訊息未經證實甚至荒謬。謠言，便在這樣的心理真空中迅速占據信念的位置。

克勞塞維茲在《戰爭論》中提到：「不確定與恐懼是戰場上最強的盟友，只要能支配這兩者，便能支配敵人的行為。」現代假訊息的擴散技術，正是對這段話的真實應用：在恐懼中植入虛構，在模糊中建立信念。

第十四章　戰爭的謊言：操縱現實的心理戰工具箱

假訊息的三層滲透法

現代假訊息的操控，不再只是單點發送的「謠言注射」，而是一套結構性擴散策略，依序穿透受眾的認知防線。這套策略可以概略劃分為三層：

1. 初階滲透：信任來源的建構

假訊息的第一步不在內容，而在「誰說的」。多數假訊息會包裝成來自「記者」、「醫師」、「退役軍官」、「目擊者」等看似可信的身分。例如 2020 年美國大選期間，大量由匿名帳號轉傳的假新聞宣稱「某州舞弊」，而來源多為自稱「內部人士」的 Twitter 帳號，形塑出可信框架。

此策略之所以成功，在於心理學上的「來源可信偏誤」——我們更容易相信與我們價值接近、地位較高或常見的發話者，而忽略內容本身的可疑性。

2. 中階滲透：重複與情緒連結

一旦假訊息建立初步可信感，接下來進入大量重複與情緒綁定的階段。納粹宣傳部長約瑟夫・戈培爾曾說：「謊言重複千遍就會成為真理。」在現代，這種「訊息重複效應」被稱為「真實錯覺效應」（Illusory Truth Effect），即人們越常聽到某句話，便越容易相信它是真的。

第二節　從謠言到信念：假訊息的滲透與強化機制

此外，假訊息若搭配憤怒、恐懼、愛國、正義等情緒語言（如「我們的孩子被害了」、「這是對我們的侮辱」），更容易進入長期記憶，並轉化為個人信念。

3. 高階滲透：群體認同與社群封閉

當假訊息進入封閉式社群，便會形成「群體強化迴路」。例如 Telegram、Facebook 封閉社團或 LINE 群組，成員多彼此熟識或高度同溫，當假訊息被其中一人轉發，其餘人往往不再查證，而是基於信任直接接受，甚至進一步轉傳。這類環境會逐漸屏蔽外部資訊，使群體對外界真實產生懷疑，最終建立起「我們才知道真相」的自信與優越感。

此即社會心理學家穆扎弗·謝里夫（Muzafer Sherif）所說的「規範參照群體」效應，意即當人處於封閉群體中，群體內部的共識會取代事實本身，成為個體行動的基準。

真實案例：中國防疫期間的訊息操控

2020～2022 年間，中國政府面對 COVID-19 疫情，除了動員醫療資源與執行封控措施外，更重要的，是其對於訊息的「治理」。

官方媒體一方面強調「中國制度優勢」、「他國疫情失控」，另一方面大量轉發「境外病毒來源說」、「冷鏈汙染說」

第十四章　戰爭的謊言：操縱現實的心理戰工具箱

等未經科學證實的訊息。這些說法初期或許只是模糊說明，但在不斷重複與跨平臺轉傳後，逐漸成為許多民眾的堅定信念。

例如「病毒來自美軍實驗室」這一論點，最初源於中國外交部發言人趙立堅的推文，之後迅速在微博與微信群擴散，並結合「美國霸權」等民族情緒語彙，使不少民眾開始質疑世界衛生組織與西方媒體的報導，轉而只相信來自中國官方或自媒體的說法。

這種由「謠言」到「信念」的過程，便是透過三層滲透法達成的。它不僅改變了資訊判斷，更深刻地形塑了整體社會的現實感知。

反制假訊息的心理韌性策略

面對假訊息的滲透，現代心理學與資訊科學界發展出一套「預防性心理抗體系統」，其中包括三大核心策略：

1. 免疫理論（Inoculation Theory）

類似疫苗接種，預先讓個體暴露於微弱的錯誤訊息，並給予解釋與反駁機制，能有效降低日後被假訊息說服的可能。

2. 情緒辨識訓練

訓練民眾辨識情緒語言與過度煽動式表達（如「震驚、怒吼、緊急通知」），幫助他們在看到激烈用詞時自動啟動懷疑機制。

3. 建構資訊來源多元性

培養人們不依賴單一訊息來源的習慣，並建立「事實查核」的文化，使查證行為成為日常認知流程的一部分。

許多國家也已將假訊息教育納入國民教育，例如芬蘭從中學開始即實施「媒體識讀課程」，培養學生對社群訊息的批判能力，並透過模擬謠言傳播實驗，提升心理免疫力。

信念的建構，從不只是事實的選擇

謠言會成為信念，不是因為它有多可信，而是因為它提供了人們想要的認知、情緒與歸屬。在戰爭中，假訊息不只是操作對手的錯覺，而是形塑整個戰場中「何為真、何為假」的規則制定者。

現代戰爭若無法掌握資訊，就無法掌握人心；而掌握人心的關鍵，不在於壓倒對方的真理，而在於提供對方願意相信的解釋。

第十四章　戰爭的謊言：操縱現實的心理戰工具箱

第三節
當權者的敘事壟斷與「唯一真理」效果

【戰爭啟示錄】讓人民不再相信任何版本的真實，接著再給他一個「唯一真理」，你就能控制他的思想與行為。

詮釋權即控制力：敘事的戰爭邏輯

在《戰爭論》中，克勞塞維茲曾指出：「戰爭之所以為戰爭，不僅在於武力的碰撞，更在於觀點的對抗。」這句話精準點出一個現代心理戰中最根本的邏輯：誰能壟斷敘事，誰就能定義敵人與正義，甚至定義死亡與勝利的意義。

「敘事壟斷」（Narrative Monopoly）指的是一種資訊與詮釋的掌控態勢，當權力中心不僅控制傳播工具，更控制說故事的方式與框架時，整體社會便只能在這個框架下思考與理解戰爭、國家與世界。

而所謂「虛幻真相效應」（Illusory Truth Effect）則是在敘事壟斷下的認知結果。當一種版本的歷史或事件被持續單一化、重複性傳播，群體最終將不再覺得自己是在「選擇相信某個版本」，而是認定這個版本就是客觀真相，其餘的都是陰謀、錯誤或敵對行為。

第三節　當權者的敘事壟斷與「唯一真理」效果

這是一種比假訊息更深層的心理操控──不是讓你相信謊言，而是讓你無法想像其他版本的存在。

宣傳機器與單一視角的建構技術

敘事壟斷的關鍵，在於建立一套無縫接軌的敘事系統，從媒體、教育、文學到電影、歷史課本，所有形式皆圍繞統一邏輯展開，並經由「知識合法性」的權威賦予方式，使其免於質疑。

納粹德國是最早實踐「國家敘事壟斷」的現代案例之一。1933年希特勒上臺後即成立帝國宣傳部，由戈培爾主導一整套「德國至上論」的文化再造工程。從小學課本開始，即重塑德國歷史為「長期被背叛的民族復興之路」，並將猶太人、自由主義者與馬克思主義者描繪成背叛者與國家敵人。這套單一化歷史敘事在報紙、廣播、電影中不斷重複，讓德國民眾最終不再將其視為政府觀點，而當作客觀事實。

心理學家羅伯特‧席爾迪尼（Robert Cialdini）在研究影響力與服從時曾指出：「當某個權威經常用一致語言與單一邏輯來詮釋現實，個體會為了認知簡化與社會認同而主動接納這套框架。」這正是納粹體制能夠動員整個國家進行大屠殺與侵略的根本心理條件。

第十四章　戰爭的謊言：操縱現實的心理戰工具箱

「言論自由」與「言論唯一」的對撞

許多民主社會對假訊息有一定防禦能力，但若言論自由環境逐漸遭受政治操控，敘事壟斷的風險依然存在。當權者不需明令禁止異議言論，只需不斷強化特定敘事的曝光量與正當性，便能在輿論場中形成「言論唯一」的事實壟斷。

例如：2022年俄羅斯入侵烏克蘭後，國內媒體全面禁止使用「戰爭」、「侵略」等用語，官方稱之為「特別軍事行動」。俄國教育部隨後發布新版教材，將戰爭描繪為「保護俄語人口的正義行動」，並透過國營媒體反覆報導「北約威脅」、「烏克蘭納粹化」等敘事。這些內容非經由法令強制灌輸，而是經由制度化的重複與選擇性資訊推播達成「唯一認知模型」的構築。

這種策略本質上不是要讓人民相信國家說的是對的，而是讓他們根本不知有其他可能存在。換句話說，敘事壟斷的力量來自「選項消失」——你不能選擇別的故事，因為你不知道有別的故事。

教育作為敘事壟斷的種子工程

敘事壟斷不會一夜之間形成，其核心工程往往從教育開始。當歷史、政治、文化等課程被高度國家化時，學童所接

第三節　當權者的敘事壟斷與「唯一真理」效果

觸的世界圖像就是當權者的理想投影。

中國的國族教育即為明確例證。從小學至高中，學生學習的歷史課本將中國描繪為「被列強壓迫」與「奮力復興」的結構性敘事，所有現代事件（如一帶一路、改革開放、香港問題等）都套入「民族偉大復興」的主幹架構中，進而排除批判性討論與多元觀點。

這套教材與敘事的強化，使年輕世代在社群平臺上更容易接受「西方打壓中國」這類的單一敘事，甚至將任何質疑者視為「不愛國者」。這不只是意識形態的成功，更是敘事壟斷的完成。

在《戰爭論》中，克勞塞維茲有一句鮮為人知的警語：「一旦人民只信任一種觀點，戰爭就不再是政策的延伸，而是信仰的狂熱。」

敘事鬆動的臨界點與反壟斷機制

儘管敘事壟斷具有強大穩定性，但一旦出現矛盾或裂縫，也會迅速引發信任危機與敘事崩塌。當個體發現「唯一真理」無法解釋現實，或出現明顯衝突訊息時，會陷入「認知背叛感」，進而產生極端反彈或精神解離。

例如 2011 年阿拉伯之春爆發期間，突尼西亞、埃及等國

第十四章　戰爭的謊言：操縱現實的心理戰工具箱

家民眾原本接受政府長年宣稱的穩定敘事，但當網路揭露民間貪腐與暴力行為後，敘事信任體系迅速崩解，引發政權垮臺與制度動盪。

為了避免類似風險，部分民主國家開始建立「敘事競爭環境」，例如公共廣播機構的獨立性保護、學術自由、新聞透明度排名等，都是對敘事壟斷的制度性防火牆。此外，資訊平臺如 Google、Meta 近年也推動「多視角呈現機制」（multi-view exposure systems），在敏感議題下強制顯示多方觀點，以減少平臺成為單一敘事的傳播場。

真理不是誰說的，而是能不能比較

敘事壟斷最大的傷害，不是強迫，而是封鎖比較的可能。當人民不再能從多種角度理解現實，只能透過「官方版本」拼湊世界，他們的思想將從理解變為服從，從判斷變為背誦。

戰爭不只是軍火與軍隊的競爭，更是敘事與意義的控制之爭。在這個意義上，能說故事的權力，遠比能下命令的軍權更深層且持久。對抗敘事壟斷，便是對抗心理戰爭中最隱密的占領。

第四節
群體接受謊言的情緒動機與防禦機制

【戰爭啟示錄】群體不是因為不夠聰明才接受謊言,而是因為謊言比真相更能讓他們感覺安全。

謊言的吸引力:不是被灌輸,而是被渴望

戰爭心理操作的一個關鍵問題是:為什麼群體會接受明顯與事實不符的資訊,甚至願意為之辯護、傳播,甚至戰鬥?傳統看法多從宣傳強度、媒體洗腦等技術因素說明,但這些都忽略了一個更深層的心理機制:謊言之所以有效,並非因為它強迫進入人們的思想,而是它「剛好填補了情緒上的空洞」。

根據美國心理學家喬治・萊考夫(George Lakoff)所提出的「情緒語言框架理論」,人們在接收資訊時,並不是被邏輯說服,而是被情緒照顧。這些情緒包括恐懼、羞辱、無力、焦慮與希望——而謊言最擅長的,就是給予這些情緒一個方向與出口。

在戰爭與國家危機中,個體失去對未來的掌控感,進而尋找一種「心理避難所」。此時若有一種敘事可以解釋當下困

第十四章　戰爭的謊言：操縱現實的心理戰工具箱

境、指責外部敵人並給予「團結起來就會勝利」的希望，那麼，即便這是明知有問題的說法，也更容易被接受，因為它能減輕不安與焦慮。

這種現象被稱為「情緒優先效應」，即在危機時刻，人們更容易接受能夠安撫內心的解釋，而不是符合邏輯的分析。

防衛性接受：當謊言成為心理盔甲

群體接受謊言，另一個關鍵動因是防衛機制的啟動。心理學家安娜・佛洛伊德（Anna Freud）提出的心理防衛理論中提到，「否認」（denial）與「合理化」（rationalization）是人在面對心理威脅時最常啟動的防禦模式。

當事實太殘酷，真相會造成價值觀崩解、自我認知瓦解或集體羞辱感時，群體會傾向否認真相的存在，並建立一套「解釋體系」來維持心理穩定。例如：在戰爭失利或國家犯下暴行的情境下，人民會傾向認為「我們是被逼的」、「媒體誇大其詞」、「敵人也一樣壞」，這些說法雖不一定真實，但在心理上卻極具保護功能。

這也說明了為什麼有些謊言明明被揭穿、證據確鑿，仍然無法瓦解群體信仰。因為接受真相所帶來的心理崩解風險，遠大於繼續相信謊言的代價。

第四節　群體接受謊言的情緒動機與防禦機制

以第二次世界大戰後的日本為例，儘管東京大審揭露了軍國主義時期的大量暴行，戰後教育系統卻逐步淡化責任歸屬，使多數國民對於「加害者身分」產生情緒性排斥。這不完全是出於民族主義，而是一種避免集體羞辱的心理防禦反應。

認知一致性需求與「自我欺騙共同體」

群體接受謊言的第三層動因，來自一種名為「認知一致性」（Cognitive Consistency）的深層心理需求。心理學家利昂‧費斯汀格（Leon Festinger）指出，人類大腦極度排斥矛盾訊息，若信仰與事實不一致，就會產生心理不適，稱為「認知失調」。

為了降低這種不適，個體往往選擇改變對事實的理解，而不是質疑原有信仰。當這種自我欺騙機制被整個群體共享，就會形成「集體自欺欺人」（Collective Self-Deception），群體成員彼此強化同一套敘事邏輯，進而將「質疑」視為背叛。

這種現象在威權國家與激進宗教團體中特別明顯。舉例而言，伊斯蘭國（ISIS）成員對組織內部暴力行為往往持接受甚至讚賞態度，原因並不在於他們不知道這些行為違反人道，而是整個群體透過神學論述與末世敘事，使得這些行為「在我們的信仰裡是必要的」，這種結構性合理化讓謊言變得牢不可破。

第十四章　戰爭的謊言：操縱現實的心理戰工具箱

價值交換：當謊言帶來好處

在某些情況下，群體接受謊言不單是情緒避難或防衛反應，更是一種實用主義選擇。若謊言能換來物質利益、政治地位、社會安全或群體特權，那麼即使個體內心存疑，也會選擇配合。

這就是所謂的「價值交換邏輯」（Value Exchange Logic）：我接受你提供的敘事，你給我好處。我不需要完全相信，只要我「看起來像是相信」，我就能融入群體、獲得獎勵並避免懲罰。

這類現象在許多戰爭宣傳體制中極為常見。例如：北韓民眾即使心中對國家宣稱的「世界最強經濟」心存疑慮，仍會在公開場合喊口號、寫忠誠報告，因為這些行為與配給制度、升遷制度、社會信用直接連結。在這樣的體制中，接受謊言變成一種生存策略。

對抗集體接受謊言的心理突破口

儘管群體接受謊言具有強大情緒基礎與制度誘因，但仍有可能透過幾個心理學策略進行鬆動：

第四節　群體接受謊言的情緒動機與防禦機制

1. 建立情緒安全環境

讓個體在無恐懼、無羞辱的環境中思考，能降低他們對真相的排斥感。例如：許多轉型正義進程會強調「認錯不是羞辱，而是復原的開始」。

2. 引導式對話而非直接反駁

心理學家指出，「直接挑戰會激發防衛，間接提問反而有機會鬆動認知邊界」。面對深信不疑者，應鼓勵其自己提出質疑，而非強加事實。

3. 創造「可信他者」

真相不一定要從敵對立場傳出，若由「圈內人」或原本支持者提出質疑，接受度會大幅提高。這也是許多去極端化行動會讓前成員出面證言的原因。

4. 運用反向敘事策略

即用一種更強烈、情緒性敘事取代原本的謊言敘事，使群體在不知不覺中「改信」另一個方向。例如：烏克蘭對東部民眾進行的媒體重建，就是以「和平重建者」取代「受害民族」角色，進行敘事替換。

第十四章　戰爭的謊言：操縱現實的心理戰工具箱

謊言之所以堅固，是因為它情緒上被需要

　　戰爭中的謊言不只是外部灌輸，更是一種「集體內部心理動能」。它存在，是因為人們願意它存在。破除謊言，不能只是提供更多事實，更必須理解它為何會在群體情緒中占據主導地位。

　　謊言並非永遠無法動搖，但若我們忽略了它背後的恐懼、焦慮、羞辱與渴望，那麼所有真相的揭示，終將無聲無息地被遺忘在集體的情緒洪流中。

第五節
二戰納粹宣傳部、伊拉克戰爭與福克蘭戰爭：三場操控敘事的戰爭比較

【戰爭啟示錄】在戰爭中，誰能說故事，誰就能決定誰是侵略者、誰是烈士、誰是英雄。

為何敘事操控比武器更重要？

傳統戰爭研究多著眼於軍事科技、指揮體系與外交聯盟，但現代戰爭學者普遍認為，敘事操控與心理戰手段才是改變戰爭走向與結局的關鍵因素。正如克勞塞維茲所言：「戰爭不僅是物理對抗，更是道德與信仰的戰爭。」

本節選取三個在不同歷史時空背景下，使用敘事操控達到戰爭目的的經典案例，分別為：納粹德國的全面宣傳體系、美國在伊拉克戰爭前的輿論引導，以及阿根廷與英國在福克蘭戰爭中的國內敘事競賽。這三個案例涵蓋極權體制、民主社會與軍事獨裁三種政權結構，從中我們能看出敘事戰爭的普遍性與策略性。

第十四章　戰爭的謊言：操縱現實的心理戰工具箱

案例一：
納粹德國宣傳部與「純潔民族的歷史任務」

1933 年，阿道夫・希特勒上臺後立刻設立「帝國宣傳部」，任命約瑟夫・戈培爾（Joseph Goebbels）為部長，展開人類歷史上最系統化的敘事操控計畫。納粹體制深諳敘事的力量，其整體戰略不是「掩飾真相」，而是「創造真相」，即塑造一個可供全體德國人相信、情緒投入、行動支持的共同故事。

這套故事主軸包含三大構件：

- 羞辱記憶的喚醒：凡爾賽條約被形容為「民族的枷鎖」，猶太人與共產主義者被指為敗戰內賊；
- 純潔與宿命論的結合：「雅利安民族」被定位為歷史的主角與正義的執行者；
- 犧牲的神聖化：戰死沙場的士兵被稱為「烈士之魂」，其家屬享有高度社會榮譽。

宣傳影片如《意志的勝利》（*Triumph des Willens*）與兒童繪本、學校課綱都內建這套敘事模型，使整個國家處於一種心理同調狀態，戰爭變成一種信仰實踐而非政策手段。

心理學家所謂「群體認知協議效應」便在此展現 —— 當每個人都相信某種真相時，即使有懷疑者也會噤聲，進而集體自我強化，成為謊言的信徒與傳播者。

第五節 二戰納粹宣傳部、伊拉克戰爭與福克蘭戰爭:三場操控敘事的戰爭比較

案例二:
美國在伊拉克戰爭中的資訊建構與情緒操作

2003 年,美國以「擁有大規模毀滅性武器」(WMD)為理由對伊拉克發動戰爭,然而戰後證實,這項指控根本站不住腳。此案例最關鍵的不是軍事行動本身,而是前期輿論動員的心理操作方式。

時任國務卿柯林・鮑威爾(Colin Powell)於聯合國展示的試管、衛星照片與所謂「基地組織聯絡文件」,構築起一個「伊拉克=全球恐怖主義幫凶」的敘事結構。這場敘事操作的成功依賴於三個要素:

◆ 恐懼的情緒連結:911 事件尚未遠去,民眾高度敏感,任何與恐攻相關的聯想都極具動員力;
◆ 媒體的「預設框架接受」:多數主流媒體並未質疑訊息來源與真實性,而是專注於戰爭可行性與策略討論;
◆ 政壇的跨黨派背書:兩黨領袖皆表態支持,形成一種「政治正確的敘事同盟」。

事後,《紐約時報》與《華盛頓郵報》等媒體陸續公開道歉,承認自己在戰前「未能發揮查證功能」。此事件也成為民主國家中,敘事操控如何結合情緒、媒體與政治合力製造「暫時真理」的教科書式案例。

第十四章　戰爭的謊言：操縱現實的心理戰工具箱

案例三：
福克蘭戰爭中的國內敘事競爭

　　1982 年，阿根廷軍政府為轉移國內經濟危機與民怨，突襲占領由英國控制的福克蘭群島（Islas Malvinas）。此舉立即引發英阿兩國之間的短期戰爭，但更值得注意的，是雙方如何在戰爭初期構築國內敘事，以動員群眾支持。

　　阿根廷透過國營媒體大力宣傳「馬島自古即為我國領土」，鼓動民族主義情緒，並將戰爭描繪為「反殖民的民族正義行動」。而英國方面，則由時任首相的柴契爾夫人（Margaret Thatcher）主導一場內部敘事轉換：將軍事行動包裝為「捍衛英國公民自由與主權」的道德任務。

　　這兩套敘事策略在各自國內皆迅速奏效：

◆ 阿根廷：爆發大規模挺軍政府示威潮，部分反對派暫時停止批判；
◆ 英國：柴契爾民調從戰前低迷迅速攀升，進而在隔年選舉中大勝。

　　然而，戰爭結束後，阿根廷因失敗導致敘事瓦解，軍政府倒臺；英國因勝利鞏固敘事，成功將戰爭包裝成「國家重新找回自信」的歷史轉捩點。

||第五節 二戰納粹宣傳部、伊拉克戰爭與福克蘭戰爭：三場操控敘事的戰爭比較||

這說明敘事控制並非只在戰前動員，而是貫穿整個戰爭週期，決定勝利是否能轉化為政治紅利，或失敗是否會摧毀政權根基。

三案比較：敘事操作的不同結構與心理影響

項目	納粹德國	美國伊拉克戰爭	福克蘭戰爭
體制類型	極權專制	民主政體	軍事獨裁 vs. 民主政體
敘事主軸	民族純潔、歷史正義	全球反恐、安全威脅	領土主權、民族榮耀
情緒操作	恐懼與榮耀的結合	恐懼與報復的觸發	自尊與被羞辱感
媒體角色	完全國控	配合政府言論導向	兩國皆高度控制輿論
結果導向	短期成功但最終引發全球災難	軍事成功但道德與信任受損	勝敗分明造成政權與聲望劇烈起伏

三個案例共同說明，敘事並非戰爭的附屬品，而是核心戰略。若敘事得當，即使軍事行動爭議不斷，也能獲得國內支持；若敘事失控，即使戰略有理，也可能失去群眾信任。

第十四章　戰爭的謊言：操縱現實的心理戰工具箱

敘事就是戰場，語言就是武器

從納粹的「民族神話」、美國的「威脅說服」、到阿根廷的「歷史訴求」，每一場戰爭的心理戰核心都不是「改變事實」，而是「操縱人們如何看待事實」。

這正是克勞塞維茲在《戰爭論》中所言：「戰爭的目的不只是摧毀對方的武力，更是破壞其意志與信仰。」

未來的戰爭，可能不再由坦克與飛彈決定，而是由誰能說出讓人願意信仰的故事。因為最難攻破的防線，不是城牆，而是人的心。

第十五章
當恐懼成為政策：
政府如何心理動員一整個國家

第十五章　當恐懼成為政策：政府如何心理動員一整個國家

第一節
「內部敵人」建構術：恐懼的具象化操作

【戰爭啟示錄】若你能讓人害怕鄰居,那麼他們就會放棄自己的自由,乖乖把鎖交給你。

恐懼無形,敵人才有形

當國家面對內部不穩、外部壓力或統治合法性危機時,一個最常見、也最有效的統治策略便是「建構內部敵人」。這不只是政權的防禦反應,更是一種系統性的心理操作。其本質在於將抽象的不安、焦慮與恐懼,轉化為具體而可恨的對象,使群體得以透過憎恨、排斥與監控,重新獲得心理秩序與社會穩定感。

在《戰爭論》中,克勞塞維茲指出:「不安定的內部,常常比敵軍更能摧毀一個政權。」這句話揭示出一種反向戰略思維:如果不安定感無法根除,那就重新定義它、轉向它,讓恐懼變成凝聚力的來源。

「內部敵人」建構術,便是這種戰略的實踐模式。它不需真實敵人,只需讓人相信「有人就在你身邊,正想摧毀你所愛的一切」。

第一節　「內部敵人」建構術：恐懼的具象化操作

從概念到人臉：具象化恐懼的技術

心理學上，抽象的恐懼容易引發焦慮，但不易行動；相對地，具象化的恐懼雖然可能帶來憤怒，卻能轉化為可控行動。這種心理特性正是政權進行「敵人擬人化」操作的基礎。

在操作技術上，「內部敵人」的建構通常具備以下步驟：

(1) 問題化某種身分或行為：如宗教、語言、職業、性別、政見等；

(2) 連結社會恐慌與此群體：如「失業是因為他們偷了工作」、「社會動盪是他們煽動」；

(3) 製造視覺與語言標籤：特定服裝、口音、標語、符號，形成辨識與標記；

(4) 引導民眾參與排斥行為：從監視、舉報到仇視與暴力；

(5) 透過法律與行政制度合法化這些偏見。

納粹德國透過猶太人、蘇聯以「階級敵人」、中國文化大革命中的「走資派」、甚至美國在反共高峰時期對「親蘇分子」的打壓，皆為此術的代表性範例。

心理學家菲利普・津巴多（Philip Zimbardo）在史丹佛監獄實驗中發現，當一群人被標記為「風險者」、「不配合者」，即使毫無證據，其他人也會迅速將其非人化並支持懲罰行

第十五章　當恐懼成為政策：政府如何心理動員一整個國家

動。這種「他者標籤」能迅速轉移對制度本身的不滿，讓社會將怒氣導向替罪羊。

經典案例：美國麥卡錫主義的社會分裂工程

1950年代美國的反共運動，亦即「麥卡錫主義」時代，是民主國家中罕見的大規模內部敵人建構實驗。時任參議員約瑟夫・麥卡錫（Joseph McCarthy）聲稱美國國務院、好萊塢與學術界藏有數百名共產黨間諜，並呼籲全國動員清查。

雖然許多指控後來被證實毫無根據，但在當時的社會氛圍下，「被認為可能是共產主義者」就足以毀掉一個人的事業與人生。數百名演員、作家、教授與公務員被開除、羞辱甚至自殺。

此案例關鍵並不在於政府是否真正懲罰了異議分子，而在於它成功讓社會大眾相信「共產主義者無處不在，你必須舉報他，否則你就是他的一分子」。這種「沉默＝共謀」的思維模式，強化了社會監控感與從眾壓力，使人們更願主動服從體制。

心理學中的「社會同調性壓力」（Conformity Pressure）與「道德潔癖動員」（Moral Purity Framing）在此被政府巧妙結合，造成全國性的恐懼治理。

第一節 「內部敵人」建構術：恐懼的具象化操作

群體焦慮與服從動員的心理結構

恐懼會驅使人尋找安全感，而內部敵人的出現，恰好提供了清晰的「控制感來源」——只要我們能消滅他們，我們就安全了。

這種邏輯在心理上屬於「控制幻覺」（Illusion of Control），意即人類傾向相信自己的行為能改變結果，即使證據顯示無效。這樣的情緒結構，使得人民甘願配合更多限制、接受監視、甚至參與迫害，因為這讓他們覺得自己「正在做對的事」。

心理學研究指出，群體在面對不確定性和壓力時，常會尋找或建構「敵人」以具象化內在的不安。這種現象不僅是政治操控的結果，更是一種文化上的心理緩衝機制。即使在沒有外部政權操作的情況下，民眾也可能因社會壓力而自行建構敵人，並正當化對其的排斥。這一過程有助於群體在不穩定的環境中維持內部凝聚力和自我認同。

這讓「內部敵人」不再只是上層意志的投射，而變成一種心理需求的集體回應。

第十五章　當恐懼成為政策：政府如何心理動員一整個國家

近代實例：土耳其政變後的「反恐之名」

2016 年土耳其軍方部分派系發動政變失敗後，總統雷傑普・塔伊普・艾爾段（Recep Tayyip Erdoğan）迅速實施全國緊急狀態，將政變責任歸咎於旅美宗教學者法圖拉・居連（Fethullah Gülen）所領導的運動。

接下來的兩年內，超過 15 萬名公務員、軍官、教師被開除，數萬人入獄。其共同特徵是「可能與葛蘭運動有關聯」。然而，這些連結往往沒有具體證據，僅憑信仰、言論或社交關係就被指為「內部叛徒」。

土耳其政府進一步將此定調為「反恐戰爭」，賦予「內部敵人」軍事化的定義，從而合法化極端懲罰與審查。這種操作模式與納粹的「人民法院」或中國文革時期的「群眾審判」有異曲同工之處。

艾爾段的策略證明，即便在現代化政體中，「內部敵人建構術」仍然具備強大心理動員能力，只要社會處於不安定狀態，這套技術隨時可以被使用並正當化。

恐懼不是失控，而是被計算的控制技術

「內部敵人」的建構不只是宣傳，更是一種心理操作，它讓統治者有了合法性，讓民眾獲得方向感，也讓社會彼此監

第一節 「內部敵人」建構術：恐懼的具象化操作

控以維持秩序。

這種技術之所以可怕，是因為它不靠謊言，而靠情緒。人們不是被說服，而是被自己內心的焦慮牽引。當恐懼變成一種政策，社會就不再是共同體，而是一場彼此猜疑的心理戰場。

第十五章　當恐懼成為政策：政府如何心理動員一整個國家

第二節
公共危機下的從眾壓力與服從效應

【戰爭啟示錄】人類在面對恐懼時，最渴望的不是自由，而是明確的指令。恐懼如何使獨立判斷失效？

恐懼的社會引力：從眾心理如何強化權力服從

在個人層次上，恐懼會促發「逃跑或戰鬥」（Fight or Flight）的本能反應；但在群體層次上，恐懼則會轉化為另一種潛意識反應——從眾（conformity）。根據社會心理學研究，當個體感受到威脅時，大腦會自動減少對環境的主觀解釋，並傾向依賴他人的行為作為參考準則。

也就是說，危機來臨時，群體不會自動變得更理性，反而會迅速尋找可以「跟隨」的對象或標準，以降低決策成本與心理不安。克勞塞維茲在《戰爭論》中提過：「恐懼能迫使一支軍隊轉向一位看似堅定的領袖，即使他的方向是錯的。」這一觀點，不僅適用於戰場，也適用於城市、政黨與全體社會。

當政府在危機中強化權力或推動高壓政策時，若能製造「大多數人都支持」的感覺，便能促成從眾壓力與行為效應的連鎖反應，最終讓社會自願服從。

第二節　公共危機下的從眾壓力與服從效應

阿希實驗與米爾格蘭實驗的戰爭啟示

兩個心理學經典實驗揭示了從眾與服從在危機時刻如何具體發生。

首先是 1951 年所羅門‧阿希 (Solomon Asch) 所設計的從眾實驗。他讓受試者在明知答案錯誤的情況下，仍選擇跟隨團體答錯，結果顯示超過 70% 的受試者至少曾一次選擇錯誤答案，只因為「大家都這麼選」。

這一現象證明，在高社會壓力情境下，個體為了避免「與群體不同」所帶來的風險與焦慮，會犧牲理性判斷。

其次是 1961 年史丹利‧米爾格蘭 (Stanley Milgram) 的服從實驗，他設計一種「權威命令你對他人施加電擊」的模擬情境，結果顯示有 65% 的受試者在權威要求下，最終將電擊加至致命程度，即使他們清楚知道那是錯的。

米爾格蘭的結論震撼當時社會：「普通人只要處於特定制度環境下，便可能毫無批判地執行不道德命令。」

兩個實驗的共同點，在於他們都創造了一種壓倒性的環境線索──「你不是唯一這麼做的，你也不是決定者」。而這正是戰爭時期政府與軍事體制最常透過群體心理機制所營造的情境。

第十五章　當恐懼成為政策：政府如何心理動員一整個國家

危機與命令的共生：服從的社會心理邏輯

在公共危機中，恐懼感會削弱民眾對自由與程序正義的渴求，而強化對「安全」與「簡單決策路徑」的需求。這一心理動力讓權威者能以「防衛」或「穩定」之名，合理化過度指令或違憲行為。

這種現象學上被稱為「集體安全轉向」（Collective Security Shift），亦即當社會面臨重大威脅時，人民會自願將個人權利讓渡給集體決策機構，進而產生對權威命令的強化接受傾向。

在 2001 年美國 911 事件發生後，國會迅速通過《愛國者法案》（USA PATRIOT Act），賦予政府更大監控與逮捕權。儘管該法案涉嫌侵害憲法保障的隱私與自由權利，但多數民意不僅未出現反彈，還在初期持續支持。心理學者指出，這正是因為在「未知敵人、模糊戰線」的情境下，個體無法自行評估風險，只能信賴權威。

這說明，在公共危機中，政府只要掌握敘事權與行動節奏，便能以「群體從眾」為心理槓桿，推動極高社會服從。

第二節　公共危機下的從眾壓力與服從效應

群體從眾如何反過來限制異議？

當整個社會都在服從時，異議者將面臨雙重心理與制度壓力。

心理上，從眾環境會引發「認知孤立焦慮」，即害怕自己是唯一的質疑者，進而選擇沉默。根據「沉默螺旋理論」（Spiral of Silence），當群體中反對聲音過少時，即使有人內心反對，也會因不願被標記為異端而自我噤聲。

制度上，政府則會利用從眾氛圍對異議加以放大標示與負面標籤。例如「你不戴口罩就是不顧全大局」、「批評政策就是破壞團結」、「提出質疑即是協助敵人」。這種情緒勒索式話語，其實並非源自政策本身，而是從眾壓力的延伸戰術。

歷史上，這種壓力經常導致「社會自律懲罰機制」——不是政府懲罰你，而是鄰居、同事與同學先來責罵你。這使整體社會陷入一種自我服從循環，異議聲音被包圍、邊緣化、制度化排除。

如何對抗從眾與服從的結構化風險？

儘管從眾與服從為人類群體行為的自然現象，但其負面效果也可以透過制度設計與心理教育予以緩解：

第十五章　當恐懼成為政策：政府如何心理動員一整個國家

1. **增加資訊多樣性與觀點曝光**

    研究發現，只要群體中有 10%以上的人堅持發表不同意見，就能有效打破從眾壓力，改變集體行為方向。

2. **建立社會中的「逆向角色模型」**

    鼓勵公民媒體、知識分子與獨立機構在危機中扮演意見平衡者，讓公民知道「懷疑」也是一種貢獻。

3. **強化道德勇氣與批判思維教育**

    從小培養人民對權威的正當性提問與程序思維，使未來面對政策時能問出：「為什麼是這樣？我們有其他選擇嗎？」

4. **制度化異議的合法性保障**

    建立言論保護機制，使人在危機中發表不同意見時不被視為背叛，而是一種國家韌性的重要組成。

    心理戰之所以可怕，不在於命令本身，而在於我們願意主動服從；從眾之所以有效，不在於壓力本身，而在於我們害怕孤立。

第三節
國安名義下的情緒勒索與自由剝奪

【戰爭啟示錄】安全不只是生理的保護,更是政治話語下最容易販賣的幻象。

當國安語言成為政治勒索的包裝

在戰爭或危機時期,政府會迅速掌握「安全敘事」主導權,並以此構築一套「你若反對,就是威脅國家」的邏輯體系。這種話語看似合理,其實本質上是一種高度情緒化的操控話術——透過「你不配合＝你不安全＝你不愛國」這一鏈條,迫使人民在毫無餘地的選擇中自願放棄自由,甚至協助推動鎮壓。

這就是政治心理學中的「情緒勒索機制」:運用罪惡感、羞恥感與恐懼感,讓人民服從於表面上的大義。美國政治心理學者喬治·艾德華(George C. Edwards)指出:「當國安成為不容質疑的最高價值時,所有人權、程序與多元意見都會被貼上危險標籤。」

克勞塞維茲雖未明言此機制,但他在《戰爭論》中指出:「當國家將戰爭合法性植入情感之中,理性便無從問責。」這

第十五章　當恐懼成為政策：政府如何心理動員一整個國家

正點出情緒勒索的本質：不是透過證據，而是透過感情攻防，封鎖了質疑的空間。

從「自由交換安全」到「自由等於危險」

情緒勒索在國安語境下的成功關鍵，在於它扭轉了公民社會原本的民主假設。原本民主社會的共識是：「國家應保障我們的自由與安全」；但在恐懼治理體制下，這句話會悄悄轉變為：「我們應放棄一些自由，來換取國家的安全保證。」

最典型的案例是 2001 年美國在 911 事件後的政策轉變。當時政府強力推動《愛國者法案》，允許國安局無需法院授權即進行電子監控與資料截取，同時逮捕「潛在敵意公民」。這些措施明顯違反隱私權與程序正義，卻受到高度支持。

為什麼？因為「不支持」者會被貼上「你在幫助恐怖分子」的標籤。這正是情緒勒索發揮作用的地方：你一旦質疑，就得先面對群體給你的道德譴責，甚至被視為威脅集體安全的內部隱患。

這種過程稱為「語言汙名化轉移」，即將政治質疑者透過語言連結到敵對象徵，使質疑本身變得令人不安與羞愧。

第三節　國安名義下的情緒勒索與自由剝奪

北韓「自願服從」的心理勒索機制

北韓長年處於常態戰備狀態，其所謂的「全民備戰體系」實際上是一種高度內化的國安心理統治系統。在這套體系中，人民並非因外部強制而聽命，而是因自我羞辱與道德審判而自願順從。

舉例而言，北韓居民需定期寫「思想報告書」，反省自己的言行是否符合黨中央的安全標準，並批判鄰里間的「思想偏差」。這種機制讓人民相信：「若我不表態就是潛在背叛」、「若我不監督他人，就會一起被懷疑」。

心理學上這稱為「內控情緒勒索」（Internalized Emotional Blackmail），一種自我施加的控制形式。它比政府直接壓制更有效，因為它讓人相信，服從不只是安全考量，而是道德正義的表現。

這正印證了戰爭心理學中的一條法則：「當敵人已植入人民心中，政府就再也不需要強制力了。」

危機之下的「合法剝奪」操作模板

情緒勒索之所以強大，還在於它經常透過「法律程序」包裝自己，使壓迫行為看似合情合法。這種策略常見於威權轉向或民主倒退的過程中。

第十五章　當恐懼成為政策：政府如何心理動員一整個國家

以緬甸為例，2021 年軍方以「選舉舞弊」、「國安危機」為理由發動政變，並迅速透過緊急法令與軍法體系對異議者進行抓捕與監禁。在軍方建構的敘事中，「異議分子」不只是反政府者，而是「叛國者」，而支持民主的公民不再是反抗者，而是「恐怖分子的同情者」。

這樣的敘事能夠透過情緒語言「合法化非正義行為」，使人們將自由的行使與國家安全的破壞劃上等號，進而接受甚至主動要求剝奪自由。

心理學上，這是「雙重替代信念效應」（Substitution Belief Effect）：當兩個價值無法並存時（自由與安全），人們會選擇看起來能提供立即保護的那個，並合理化這個選擇，即使代價是犧牲自己原本捍衛的權利。

從政策到人心：情緒勒索的三層控制架構

國安情緒勒索並非只靠命令與宣傳，而是一個三層心理控制體系：

(1) 制度層：以法令、軍令、命令奠定行動框架，使異議成為「不合法行為」；

(2) 語言層：以媒體、標語、報導製造「不質疑才是負責」的公共氛圍；

(3)情緒層：以內疚、羞恥、愛國感召建立群體期待，使人民自我約束、自我檢查。

這三層系統相互強化，使社會逐步失去對政府的制衡能力，而改以服從、沉默、乃至檢舉作為安全本能。

不動刀槍的戰爭最可怕

國家可以透過恐懼讓你放棄自由，也可以透過道德讓你為壓迫辯護。當「安全」變成政治話術的萬用解釋，當「服從」成為榮譽象徵，而不是討論結果，那麼，我們就已經身在戰場上，只是子彈換成了標語，坦克變成了新聞。

正如《戰爭論》提醒我們：「最無聲的戰場，才最需要警覺。」

第十五章　當恐懼成為政策：政府如何心理動員一整個國家

第四節
恐懼治理如何瓦解公民社會的心理免疫

【戰爭啟示錄】一個國家的力量，來自於人民之間的信任，而非對統治者的恐懼。

恐懼不是短暫情緒，而是長期治理工具

當我們談論「治理」時，往往聚焦於制度、法律與資源分配，但在戰爭狀態或極權環境下，恐懼本身即成為一種治理策略。它不像法律那樣明文化，也不像軍隊那樣具體化，它隱藏於人民的日常判斷、互動模式與思維習慣中，成為一種「慢性支配」。

恐懼治理的破壞性在於它會先從情緒層面剝奪公民的安全感，再逐步侵蝕其參與感與連帶責任，最終瓦解社會自主的心理結構，使個體逐漸依賴權威來進行風險評估與道德判準。

克勞塞維茲雖以戰爭為主軸，但其警語「戰爭是政治的延續」正意味著：恐懼可以是子彈，也可以是規訓。若將戰爭定義為「暴力迫使服從」的極端形式，那麼恐懼治理便是「心理層次迫使服從」的日常版戰爭。

第四節　恐懼治理如何瓦解公民社會的心理免疫

心理免疫系統的四大支柱：如何一一被瓦解？

心理學家賽門・西奈克（Simon Sinek）曾指出，健康的公民社會仰賴四個心理免疫支柱：資訊辨識力、批判性思考、自我效能感與社會信任感。恐懼治理之所以能成功，正是因為它能逐一擊潰這四項核心能力。

1. 資訊辨識力的崩潰

恐懼會使人優先接受符合情緒需求的資訊，而非邏輯判斷。當一個人感受到威脅時，會自動篩選那些能解釋與安慰其恐懼的敘事。例如：在極端疫情管制期間，民眾更傾向相信「只要配合政府就沒事」這種簡化訊息，而不願面對多元且複雜的風險交織現實。

長期下來，這會導致「資訊懶惰症」（informational apathy），也就是放棄主動查證、只看政府公報，並將其視為唯一可信來源。

2. 批判性思考的退化

恐懼讓人尋求簡單結論，壓制多元討論與批判聲音。在恐懼治理下，異議者往往被標籤為「麻煩製造者」、「危害穩定的人」。當群體壓力與情緒勒索將思考成本極大化時，人民便傾向「不問、不說、不想」，任由權威代為思考。

第十五章　當恐懼成為政策：政府如何心理動員一整個國家

3. 自我效能感的喪失

恐懼讓人產生無力感，削弱「我的行動能改變什麼」的信念。若一個社會長期接受「外部敵人無所不在」或「風險太大只能交給政府」的敘事，人民便不再相信投票、言論、抗爭會有任何意義。這是「習得性無助」（learned helplessness）在公共領域的集體展現。

3. 社會信任感的崩解

恐懼治理最大的後遺症，便是人民互信的破裂。當監控、舉報、沉默成為常態，人與人之間的信任便逐步被替代成為懷疑。社會學者傅柯（Michel Foucault）稱此為「全景監控社會」（panopticon society）──不是因為政府無所不在，而是人民彼此皆為眼線。

恐懼社會的典型症狀：麻痺、沉默與退縮

當心理免疫系統崩潰後，社會便出現一連串可辨識的症狀：

- ◆ 公共議題討論消失：不談政治、不談新聞、不問意見。
- ◆ 集體冷漠：旁觀者效應蔓延，即使看到不義也不介入。
- ◆ 異議者孤立化：質疑政策者被貼上「不團結」、「白目」、「自私」標籤。

第四節　恐懼治理如何瓦解公民社會的心理免疫

◆ 政治參與萎縮：選舉投票率下降，集會人數銳減，人民選擇「自保」而非「參與」。

這樣的社會雖看似穩定，實則脆弱無比。因為一旦恐懼來源變化、情緒轉向，缺乏內部心理韌性的社會將瞬間解構，陷入混亂與報復性的反彈。

現代實例：東歐極權瓦解後的「信任真空」

東歐共產政權崩潰後，許多國家雖成功實現制度轉型，卻面臨長期「公民心理荒蕪」的問題。捷克、保加利亞與羅馬尼亞在 1990 年代初期皆出現低投票率、高政治冷感與社會信任全面崩解。

研究顯示，這些狀況與前政權長期運用恐懼治理密切相關。人民曾被教育「沉默才是安全」、「檢舉他人是責任」、「外國就是敵人」，即使體制瓦解，這些心理殘留仍深植群體潛意識。

此現象被學者稱為「後極權心智遺產」：即使政權已非高壓，但人民心中仍存在對言論、政治與集體行動的心理封鎖。

這也證明，恐懼治理的影響不止於當下政權，其心理創傷可能延續整整一代人的民主參與能力。

第十五章　當恐懼成為政策：政府如何心理動員一整個國家

如何重建心理免疫力：
從教育、文化與制度做起

　　要恢復被恐懼侵蝕的公民社會心理，需要一套長期而有策略的重建路線：

- ◆ 民主教育深化：不僅傳授制度知識，更需強化批判性思維與資訊素養，讓年輕世代具備「不害怕問問題」的心理肌理。
- ◆ 公共文化去恐懼化：戲劇、電影、音樂與社群活動應積極展現公民參與的正面敘事，取代長期的「不問政治」、「沉默是金」文化慣性。
- ◆ 制度化透明與責任制：建立資訊公開制度與政府問責機制，讓人民「看到自己參與的結果」，重建自我效能感與信任基礎。
- ◆ 保障異議權與集會自由：不是容忍反對，而是積極保護異議作為社會韌性的象徵，使人民不因質疑而羞愧，反而感到榮耀。
- ◆ 心理健康納入國安策略：建立心理韌性與情緒教育作為國防的一環，讓全民能分辨真實風險與被放大的恐懼，強化集體心理抗壓力。

第四節　恐懼治理如何瓦解公民社會的心理免疫

有防空洞不代表你有安全感

公民社會的真正防禦，不是憲法條文，而是人民心中對正義與自由的執念。一個沒有心理免疫系統的社會，即使有言論自由，也不會有人說真話；即使有選舉制度，也沒有人願意投票。

恐懼治理最終奪走的，不只是自由，而是我們選擇自由的勇氣。

第十五章　當恐懼成為政策：政府如何心理動員一整個國家

第五節
美國911、緬甸軍政府與北韓常態戰備狀態：恐懼治理的實踐與崩解

【戰爭啟示錄】恐懼能使人團結，也能使人沉默；若用得其所，它便能支配整個國家不費一兵一卒。

為何用三國案例對照恐懼治理？

恐懼治理並不專屬於極權國家，它也能在民主制度下以「民意」與「安全需求」之名進行；它可以是突發的應變，也可以是長期的結構性設計。因此，唯有橫跨體制差異與歷史時序，觀察其實際運作的過程與心理效果，我們才能真正理解「恐懼如何動員國家」這一戰爭級的社會心理現象。

本節將以2001年美國911事件後的國土安全戰略、緬甸2021年軍事政變後的極權擴張，以及北韓長年維持的常態戰備體制為案例，分別探討三種不同恐懼治理模型的構成邏輯、民眾心理反應與最終政治後果。

第五節　美國911、緬甸軍政府與北韓常態戰備狀態：恐懼治理的實踐與崩解

美國：高信任社會中的恐懼合法化

2001 年 9 月 11 日，世貿雙塔倒塌，美國陷入歷史性恐懼。政府迅速宣布「對恐怖主義開戰」，建立國土安全部，推動《愛國者法案》，加強邊境控制、電子監控與逮捕權限。

這場恐懼治理有幾個關鍵特徵：

- 合法架構內的快速擴權：恐懼並未繞過制度，而是透過制度合法化。例如 FISA 法院授權的監控項目迅速擴大，但程序外觀仍具「正當性」。
- 輿論與媒體的高度合作：主流媒體初期幾乎一致支持反恐，反對聲音邊緣化。這是「情緒壟斷」在民主社會中的稀有現象。
- 民眾的自願服從：根據皮尤研究中心 2002 年數據，有 66％的美國人願意讓政府監控私人通訊，以換取安全。這代表民眾心理自動讓渡部分自由權利，顯示「恐懼下的公民契約重組」。

然而，這套恐懼治理在十年後面臨崩解：

- 史諾登事件揭露 NSA 濫權，引發大眾對政府失去信任；
- 伊拉克戰爭錯誤情報爆發，動搖原本以「打擊恐怖主義」為正當性的敘事；

第十五章　當恐懼成為政策：政府如何心理動員一整個國家

- 公民自由組織興起，重新喚醒社會對隱私、程序正義與異議保障的關注。

這顯示，在高教育與法治基礎下，恐懼治理即使一度成功，也終將遭遇「知情社會」的反彈。

緬甸：軍政恐懼治理的暴力與情緒結構

2021 年 2 月 1 日，緬甸國防軍以「選舉舞弊」為由，發動政變推翻民選政府，隨即宣布全國進入緊急狀態，逮捕翁山蘇姬與各級文官，媒體封鎖、網路限流、宵禁等高壓措施相繼實施。

此後的恐懼治理可分為三層：

1. 暴力震懾期（2021 年 2 月至 6 月）

大規模軍警鎮壓示威，造成超過千人死亡，製造「任何反抗都將被滅聲」的訊號。

2. 懷疑擴散期（2021 年 7 月至 2022 年）

政府散布「地下分裂組織」、「境外勢力滲透」的說法，鼓動人民檢舉彼此，轉向內部裂解的社會監控策略。

3. 政治冷感期（2023 年以後）

大多數民眾選擇「表面服從、內心冷漠」，進入政治心理麻痺狀態。

與美國不同的是，緬甸沒有公民社會支撐其反制系統。民眾雖有反抗意願，但缺乏制度管道、媒體平臺與國際支持，最終陷入「沉默＝生存」的恐懼政治生態。

這證明：在缺乏制度平衡與資訊自由的社會中，恐懼治理不但更快形成，而且更難解除。

北韓：長期恐懼治理的制度化與世襲化

北韓是當代唯一成功將「恐懼治理」轉化為世襲政治核心的政權。從韓戰結束至今，北韓便以「戰爭隨時可能爆發」、「美軍將隨時侵略」等敘事建立全民常備戰心態。

此模式的穩定性來自三種結構：

1. 全民敵意教育

學校課程從幼稚園開始即進行「敵我分明」的思想訓練，讓「美帝侵略者」成為普遍心理恐懼圖像。

2. 心理封閉與資訊壟斷

國內媒體 100％國控、對外封鎖、對內審查，使人民無從獲得其他敘事版本，形成所謂「唯一真理效應」。

3. 道德化服從機制

以「為領袖犧牲」作為最高道德準則，人民將服從內化為信仰，產生「質疑＝背叛」的深度情感結構。

這種恐懼治理的強度與持久力令人震驚，然其代價是整體社會的凍結與停滯。經濟困頓、知識斷層、外交孤立皆源自其無限放大的安全敘事，最終形成自我封閉的戰爭心理牢籠。

三國案例比較：恐懼治理的型態與後果

面向	美國 911 後	緬甸軍政 2021 年後	北韓戰備體制
恐懼敘事起點	外部恐怖主義威脅	選舉舞弊與內部動亂	美國侵略與戰爭即將爆發
政策表面合法性	高（國會立法、法院程序）	中（軍事命令、臨時法令）	低（直接由最高領導層下令）
社會反應	初期支持，後期質疑與反彈	初期反抗，後期麻痺與沉默	長期服從，無反抗條件
恐懼治理結果	國安體系擴張但遭社會挑戰	極權強化但社會活力瓦解	政權穩固但社會完全封閉
心理創傷與延續性	高度兩極化，喚醒監控討論	世代創傷，信任系統崩解	代際內化，集體恐懼正常化

第五節　美國911、緬甸軍政府與北韓常態戰備狀態：恐懼治理的實踐與崩解

這三個案例共同說明，恐懼治理並非單純的「失控反應」，而是一套經過精密設計的心理操控機制，其真正目標不是立即的服從，而是讓人因害怕未來代價而自我約束。

恐懼是一種可複製的政權存續策略

恐懼從來不是權力的副產品，而是權力的工具之一。美國將其制度化、緬甸將其暴力化、北韓則將其宗教化。不同政體以不同方式將恐懼轉化為治理動力，雖一時成功，卻無不留下難以癒合的心理與制度創傷。

正如克勞塞維茲所言：「軍隊或許需要恐懼才能前進，但國家若以恐懼為命脈，終將失去自我更新的能力。」

當國家將恐懼當作唯一語言，人民便無法再說出自由、尊嚴與未來的語彙 —— 而這，比戰敗更可怕。

#　第十五章　當恐懼成為政策：政府如何心理動員一整個國家

結語
最深的戰場在人心之中

我們已走完一趟橫跨心理學、戰略學與政治行為學的心理戰之旅。這本書並非只是描述戰爭如何使用宣傳、恐嚇、操控與情緒動員來改變戰場,而是試圖揭露一個更加根本的問題:什麼樣的社會條件與人類心理狀態,使得戰爭變得可能?

在克勞塞維茲的《戰爭論》中,戰爭是一種延伸政治的手段;但在現代社會中,我們可以更進一步地說:戰爭是對人類心理韌性的總體壓力測試,是政治體制如何操控恐懼、憎恨與信任的公開試煉場。

而這場試煉,從不只在槍砲之間發生。它可能藏在一句新聞標題裡,一場全民動員的口號中,一個社群平臺的演算法邏輯裡,甚至是一場危機發生時,所有人都沉默不語的那種社會氣氛。

◎你以為自己在做選擇,其實只是在服從心理操作

心理戰的可怕,在於它不像坦克與飛彈那樣具象。它無聲、無形、無感。它潛入你每日閱讀的媒體,穿過你討論的語言,潛伏在你對鄰人的信任與猜疑之中,最終變成你判斷什麼是真、什麼是假、什麼可說、什麼不能說的內部規則。

結語　最深的戰場在人心之中

人類學者克利弗德・紀爾茲（Clifford Geertz）曾說：「文化是一組人類心智的操控程式。」而心理戰，正是針對這組程式進行入侵與改寫。

你是否曾因為「大家都這麼說」而不敢表達異議？是否曾因一場外部衝突，而開始對某群人產生仇視？是否在恐懼來臨時，願意放棄一些自由，只為了換來暫時的安心？

這些選擇，從來不是偶然，而是設計──是政府、軍方、媒體甚至商業利益集團精心設計的心理選擇題。

◎戰爭不是終點，沉默才是

過去我們以為，戰爭的終結是停火協議、武器繳械或軍隊撤離。但歷史不斷證明：真正的戰爭結束，應是人民重新說出真話的那一刻。

納粹德國在 1945 年崩潰，軍隊投降，但納粹心態卻延續了整整兩代人；東歐極權在 1990 年代相繼倒臺，但政治冷感、對自由的恐懼與異議的壓抑，至今仍殘留在許多後共產社會的心理結構中。

這說明，一場戰爭的真正後果，不只留在歷史書中，而會深埋於人民的語言、信任、家庭與教育裡。

如果沉默成為一種社會習慣，那麼即使和平到來，人民也不再相信彼此，民主也無法正常運作，社會的集體未來感也就此崩塌。

◎心理防衛，是下一個世代的國防主體

面對當代資訊戰、敘事戰與認知戰的新形式，傳統的軍事思維已不敷使用。我們不能再把「戰爭」當成軍人與政府之間的事，而必須將「心理戰」的概念擴展到每一位公民的心智防線。

換句話說，未來的國防，首要任務不再是增強武器，而是培養人民的心理韌性與判斷力。一個能夠自我反思、擁有資訊辨識能力、願意保護多元言論與自由價值的社會，才有真正抵禦心理戰的能力。

而這樣的社會建構，不可能靠軍隊完成，也不可能靠單一政府完成，它需要的是全體人民、媒體、學術、文化工作者與教育體系的共同覺醒與集體工程。

◎**戰爭從來不是國界的問題，而是意識的問題**

本書談的是戰爭，卻不是談軍事，而是關於一個國家、一群人民如何被帶入戰爭、如何甘願服從、如何相信謊言、如何選擇沉默、如何在恐懼中自願成為體制的工具。

我們希望你讀完這本書後，能對以下五件事保有高度警覺：

(1)當某個人告訴你「安全比自由重要」時，他可能正在奪走你兩者。

(2)當社會開始獵巫，標籤異議者是敵人時，下一個被消音的可能就是你。

結語　最深的戰場在人心之中

（3）當恐懼變成政府說話的語言，那麼人民的沉默便是回應這場心理戰的投降書。

（4）當每個人都開始說「我沒有選擇」時，整個社會就真的沒有未來。

（5）而當有人重新說出「我不同意」時，一場真正的戰爭才剛剛開始——那是一場為了自由與真相的戰爭。

◎最後的提醒：你就是這場心理戰的關鍵變數

如果這本書帶給你任何震撼、思考或焦慮，那就代表你仍然保有對戰爭的警覺性。請不要輕易將它關掉、遺忘或放回書架。因為你不僅是讀者，更是未來心理戰場的主角。

你將決定下一場危機來臨時，是選擇服從命令還是發問；是選擇沉默還是表態；是選擇盲目安全，還是用自由思考建立真正的安全。

歷史從未缺乏操控者，真正稀缺的，是願意看穿操控，並勇敢站出來的人。

願你成為那一個人，願這本書在未來某場心理戰真正降臨時，成為你心中最銳利的思想武器。

國家圖書館出版品預行編目資料

誰控制了人心，誰就贏得戰爭：心理戰、假消息與領導意志如何奪走你的自由思考？/ 梁睿哲 著 .-- 第一版 .-- 臺北市：機曜文化事業有限公司, 2025.07
面 ；　公分
POD 版
ISBN 978-626-99831-2-4(平裝)
1.CST: 戰爭心理學
542.24　　　　　　　　114008393

電子書購買

爽讀 APP

誰控制了人心，誰就贏得戰爭：心理戰、假消息與領導意志如何奪走你的自由思考？

臉書

作　　　者：梁睿哲
發 行 人：黃振庭
出 版 者：機曜文化事業有限公司
發 行 者：機曜文化事業有限公司
E - m a i l：sonbookservice@gmail.com
粉 絲 頁：https://www.facebook.com/sonbookss/
網　　址：https://sonbook.net/
地　　址：台北市中正區重慶南路一段 61 號 8 樓
8F., No.61, Sec. 1, Chongqing S. Rd., Zhongzheng Dist., Taipei City 100, Taiwan
電　　話：(02) 2370-3310　傳　　真：(02) 2388-1990
印　　刷：京峯數位服務有限公司
律師顧問：廣華律師事務所 張珮琦律師

-版權聲明-

本書作者使用 AI 協作，若有其他相關權利及授權需求請與本公司聯繫。

未經書面許可，不可複製、發行。

定　　價：420 元
發行日期：2025 年 07 月第一版
◎本書以 POD 印製